老年社会工作理论与实践

李金晏 ◎ 著

吉林出版集团股份有限公司

版权所有　侵权必究

图书在版编目（CIP）数据

老年社会工作理论与实践 / 李金晏著. — 长春：吉林出版集团股份有限公司，2024.4

ISBN 978-7-5731-4874-2

Ⅰ.①老… Ⅱ.①李… Ⅲ.①老年人－社会工作 Ⅳ.①C913.6

中国国家版本馆CIP数据核字（2024）第079245号

老年社会工作理论与实践

LAONIAN SHEHUI GONGZUO LILUN YU SHIJIAN

著　　者	李金晏
出版策划	崔文辉
责任编辑	刘　洋
助理编辑	邓晓溪
封面设计	文　一
出　　版	吉林出版集团股份有限公司
	（长春市福祉大路5788号，邮政编码：130118）
发　　行	吉林出版集团译文图书经营有限公司
	（http://shop34896900.taobao.com）
电　　话	总编办：0431-81629909　营销部：0431-81629880/81629900
印　　刷	北京昌联印刷有限公司
开　　本	787mm×1092mm　1/16
字　　数	202千字
印　　张	13
版　　次	2024年4月第1版
印　　次	2024年4月第1次印刷
书　　号	ISBN 978-7-5731-4874-2
定　　价	78.00元

如发现印装质量问题，影响阅读，请与印刷厂联系调换。电话：010-82751067

前　言

随着人类寿命的延长和老龄化趋势的日益显著，老年社会工作逐渐成为社会工作领域的重要组成部分。老年人作为社会的重要力量，其生活质量和福祉直接关系到整个社会的发展和稳定。因此，研究和实践老年社会工作具有重要的理论和实践意义。

在全球范围内，老年社会工作已经成为社会工作领域的一项重要任务。通过深入研究老年社会工作的理论和实践，我们旨在为不同国家和地区的社会工作者提供有针对性的指导，进而促进老年人的全面发展和社会的可持续繁荣。

最后，本书将秉持开放、包容的态度，欢迎各界学者、实践工作者和关心老年社会工作的人士共同参与讨论。通过多元的视角和经验交流，我们期待共同推动老年社会工作理论与实践的发展，为构建更加和谐、包容的老年社会做出应有的贡献。希望本书能够成为老年社会工作领域的权威之作，为相关研究和实践提供启示与借鉴。

目 录

第一章 老年社会工作概论 ... 1
第一节 老年社会工作的定义与范畴 ... 1
第二节 老年社会工作的历史演进 ... 6
第三节 老年社会工作的重要性与必要性 ... 14
第四节 老年社会工作与社会变革的关系 ... 23
第五节 老年社会工作的国际比较 ... 32

第二章 老年社会工作的基本原则与伦理 ... 35
第一节 老年社会工作的伦理框架 ... 35
第二节 尊重老年人的权利与尊严 ... 41
第三节 保护老年人的隐私与自主权 ... 48

第三章 老年社会工作的理论基础 ... 56
第一节 生态系统理论与老年社会工作 ... 56
第二节 社会支持理论在老年社会工作中的应用 ... 64
第四节 成就动机理论与老年人生活满意度 ... 72

第四章 老年社会工作的服务模式 ... 81
第一节 社区老年服务中心的建设与运作 ... 81
第二节 居家护理服务与老年人生活质量 ... 89
第三节 老年日间照料服务的模式与效果 ... 98

第五章 老年社会工作的问题与挑战 ... 106
第一节 老龄化社会的挑战与机遇 ... 106
第二节 老年人权益保障与社会公平 ... 113
第三节 老年社会工作中的人力资源问题 ... 121
第四节 老年社会工作的财政支持与可持续发展 ... 130

第五节　技术发展对老年社会工作的影响 …………………………… 142

　　第六节　公众对老年社会工作的认知与态度 ………………………… 150

第六章　老年社会工作的专业发展与培训 ………………………………… 158

　　第一节　老年社会工作专业的发展历程 ……………………………… 158

　　第二节　老年社会工作人员的专业素养与能力 ……………………… 164

　　第三节　老年社会工作的培训模式 …………………………………… 172

　　第四节　继续教育与老年社会工作的专业化 ………………………… 181

　　第五节　老年社会工作的认证与职业标准 …………………………… 192

参考文献 ……………………………………………………………………… 202

第一章 老年社会工作概论

第一节 老年社会工作的定义与范畴

一、老年社会工作的核心概念

老年社会工作是一门关注和关怀老年群体的专业领域，其核心概念涵盖多个方面，包括社会公正、人权尊重、终身学习、自主生活、社会融合等。在老年社会工作中，专业人士致力于通过各种手段和方法来满足老年人的需求，提高他们的生活质量，促进他们的全面发展。以下是老年社会工作的核心概念的详细阐述。

（一）社会公正与老年人权

老年社会工作的核心概念之一是社会公正，即在社会资源的分配和服务的提供中保障老年人享有公平的机会和权益。包括在医疗、福利、教育等方面的公正分配，确保老年人能够平等地获得社会资源。

与社会公正紧密相关的是对老年人权的尊重。老年人作为社会的一部分，有权享有与其他年龄群体相等的权利，包括生活质量、尊严、社会参与等方面的权利。老年社会工作通过倡导和实施政策，推动社会对老年人权的尊重和保护。

（二）终身学习与老年人发展

终身学习是老年社会工作的另一核心概念，强调老年人在整个生命周期内持续学习和发展的重要性。包括提供适应老年人学习需求的教育机会、培训计划和文化活动，以帮助他们不断适应社会和科技的变革。

老年人的发展不仅仅是指个体技能的提升，还包括心理、社交和文化层面的发展。老年社会工作旨在通过各种方式促进老年人的全面发展，使他们的晚年更加充实且富有意义生活。

（三）自主生活与自助互助

老年社会工作强调老年人的自主生活，即他们有权自主决策和掌控自己的生活。这包括提供支持和服务，以帮助老年人保持独立生活的能力，例如医疗护理、社交支持和居家适应性改造等。

自助互助是另一个重要的概念，强调老年人之间的相互支持和社区的互助网络。老年社会工作致力于建立和加强老年人社会参与的平台，鼓励他们通过互助组织、社区活动等形式，互相支持、分享经验和资源。

（四）社会融合与老年人参与

社会融合，是指将老年人纳入社会的各个层面，使他们在社会、文化和经济方面都能够参与并作出贡献。老年社会工作通过创造包容性的社会环境，减少老年人面临的社会隔离和歧视，促进他们与其他年龄群体的交流和合作。

老年人的参与是社会融合的关键。老年社会工作倡导并创建机会，让老年人参与社区决策、志愿服务、文化活动等，使他们在社会中发挥重要作用，并感受到自己仍然是社会的一部分。

（五）紧急援助与老年人关怀

在老年社会工作中，提供紧急援助是一个不可或缺的核心概念。这包括对面临紧急健康问题、生活困境或自然灾害等突发事件的老年人提供及时的援助和支持，以帮助他们渡过难关。

与紧急援助紧密相连的是对老年人的关怀。老年社会工作旨在建立细致入微的关怀体系，包括医疗护理、心理支持、社交陪伴等，以满足老年人不同层面的需求，提升他们的生活品质。

老年社会工作的核心概念涵盖了社会公正、人权尊重、终身学习、自主生活、社会融合、紧急援助和老年人关怀等多个方面。这些概念构成了老年社会工作的理论基础，指导着专业人士在实践中为老年人提供全面而个体化的支持和服务。通过不断强调这些核心概念，老年社会工作能够更好地满足老年人的需求，促使他们在晚年过上有尊严、有质量的生活。

二、老年社会工作的专业范畴与边界

老年社会工作是一门专业领域，致力于为老年人提供全面、个体化的支持和服务，以提高他们的生活质量、尊严和社会参与。在这一专业领域中，有明确的专业范畴和边界，这些范畴和边界为老年社会工作的实践提供了指导和限制。以下将对老年社会工作的专业范畴和边界进行详细阐述。

（一）社会工作的专业范畴

1. 老年服务规划与评估

老年社会工作的专业范畴之一是老年服务规划与评估。专业人士通过对老年人的需求进行评估，制定个性化的服务计划，包括但不限于医疗、心理、社交、居住环境等方面的服务。这需要专业人员具备综合的评估技能，了解老年人的生活状况和需求，以制定有效的支持计划。

2. 心理社会支持

老年社会工作的范畴还包括提供心理社会支持。老年人常常面临孤独、丧失亲友、身体健康问题等挑战，需要专业人员提供情感支持、心理辅导以及帮助他们建立社交网络。这要求社会工作者具备跨文化、跨代际的交流技能，以更好地理解和满足老年人的心理社会需求。

3. 危机干预与援助

老年社会工作也涵盖了危机干预与援助。老年人可能面临健康危机、家庭问题、经济困境等紧急情况，需要专业人员迅速采取措施，提供紧急援助和危机干预服务。这要求社会工作者具备应对紧急情况的能力，协调多方资源，确保老年人得到及时的帮助。

4. 社区建设与推动

老年社会工作的专业范畴还包括参与社区建设和推动老年友好型社会的工作。社会工作者通过组织社区活动、倡导老年人参与社区事务，促进社区对老年人的关爱和支持。这需要社会工作者具备社区组织和倡导的技能，推动政策和社会环境的变革，以更好地服务老年人群体。

5. 教育和培训

老年社会工作的专业范畴还包括教育和培训。专业人员需要通过向老年人、家庭成员、志愿者等传授相关知识，强化他们对老年人需求的理解，促进社会对老年人的关怀。这要求社会工作者具备有效传达信息的能力，制定并实施相关的教育和培训计划。

（二）社会工作的边界

1. 不提供医疗诊断和治疗

老年社会工作的边界之一是不提供医疗诊断和治疗。社会工作者不是医生，不具备医学专业知识。在面对老年人的健康问题时，社会工作者的职责是协调医疗资源、提供心理社会支持，而不是进行医学诊断和治疗。

2. 不涉及法律事务

老年社会工作的边界还包括不涉及法律事务。社会工作者并非法律专业人员，因此不应直接介入法律纠纷或法律程序。在老年人涉及法律事务时，社会工作者的角色是引导他们寻求法律咨询和支持。

3. 不代替家庭成员职责

社会工作者在协助老年人时，不应代替家庭成员的职责。尽管提供支持和服务是社会工作者的职责，但他们不应取代家庭成员在照顾、陪伴等方面的责任。相反，社会工作者应该与家庭成员合作，共同为老年人提供全面的支持。

4. 不违背老年人意愿

老年社会工作的边界还包括不违背老年人的意愿。社会工作者在提供服务时，应尊重老年人的选择和决策，不得逼迫他们接受他们不愿意接受的服务或干预。

5. 不涉及商业利益

老年社会工作的边界还包括不涉及商业利益。社会工作者的首要责任是为老年人谋求福祉，而不是推销商业产品或服务。任何可能导致利益冲突的行为都应该被避免，以维护老年社会工作的专业性和道德性。

老年社会工作的专业范畴涵盖了多个方面，包括服务规划与评估、心理社会支持、危机干预与援助、社区建设与推动、教育和培训等领域。这些专业范畴为社会工作者提供了指导，确保他们能够全面、系统地为老年人提供支持和服务。

三、老年社会工作的关键职责和目标

老年社会工作的关键职责和目标涵盖了广泛的领域，旨在确保老年人的全面福祉和社会参与。这些职责和目标形成了老年社会工作的核心，引导着专业人士提供全面的支持和服务。以下是关键职责和目标的详细阐述。

（一）关键职责

1. 评估和规划服务

老年社会工作的首要职责之一是对老年人的需求进行全面的评估，了解他们的生活状况、健康状况、社交网络以及心理和情感需求。基于评估结果，社会工作者与老年人共同制定个性化的服务计划，以满足他们的各项需求。这包括医疗护理、心理支持、社交参与、居家环境适应等方面的服务。

2. 提供心理社会支持

老年人常常面临来自多个方面的压力，包括孤独、失去亲友、身体健康问题等。因此，提供心理社会支持是老年社会工作的重要职责。社会工作者通过与老年人建立信任关系、提供情感支持和心理辅导，帮助他们应对生活中的挑战，提升心理健康水平，保持积极的生活态度。

3. 危机干预与援助

老年社会工作在面对老年人遭遇健康危机、家庭问题、经济困境等紧急情况时，需要迅速进行危机干预与援助。社会工作者通过提供紧急支持、协调医疗资源、解决居住和生活困境等方式，帮助老年人解决突发情况，同时寻求长期的解决方案。

4. 促进社区参与与融合

老年社会工作致力于促进老年人的社会参与和融合。包括组织社区活动、倡导老年友好型社会、鼓励老年人参与志愿服务等。社会工作者通过建立社区支持网络，帮助老年人建立和维护社交关系，促进他们在社区中的积极参与。

5. 教育和培训

老年社会工作者承担着向老年人、家庭成员、志愿者等传授相关知识的责任。包括关于老年健康、社交参与、权利保护等方面的教育和培训。通过提高相关人员的意识和知识水平，社会工作者有助于创造更为理解和关爱老年人的社会环境。

（二）目标

1. 保障老年人的基本权益

老年社会工作的首要目标之一是保障老年人的基本权益。包括但不限于生活质量、尊严、医疗保健、社会安全等权益。社会工作者通过倡导政策、提供法律援助、争取福利资源等手段，确保老年人能够享有基本的生活权益。

2. 提高老年人的生活质量

提高老年人的生活质量是老年社会工作的核心目标之一。社会工作者通过制定个性化的服务计划、提供全面的支持，帮助老年人克服生活中的各种困难，确保他们的日常生活更为舒适和愉悦。

3. 促进老年人的自主生活

老年社会工作的目标之一是促进老年人的自主生活。社会工作者通过提供居家适应性改造、康复服务、生活技能培训等方式，帮助老年人保持独立生活的能力，延缓可能的生活依赖。

4. 降低老年人的社会孤立感

社会孤立感是老年人面临的常见问题之一。老年社会工作的目标之一是通过组织社交活动、社区参与、建立互助网络等方式，降低老年人的社会孤立感，提高他们的社交支持系统。

5. 适应老龄化社会的挑战

老年社会工作还面临着适应老龄化社会的挑战的任务。随着人口老龄化的加剧，社会工作者需要不断更新知识、拓展服务领域，以更好地应对老年人群体多样化的需求。目标在于建设一个适应老龄化社会的服务系统，以保障老年人的全面福祉。

老年社会工作的关键职责和目标涉及多个方面，旨在全面关照老年人的需求，提高他们的生活质量、促进社会融合。通过评估和规划服务、提供心理社会支持、危机干预与援助、促进社区参与与融合、教育和培训等手段，老年社会工作助力老年人度过晚年时光，维护尊严和独立性。

第二节　老年社会工作的历史演进

一、古代社会对老年人的关注与支持

古代社会对老年人的关注与支持是一个复杂而多样的主题，因为不同的文化、社会制度和历史时期在对待老年人的态度和实践上存在很大的差异。本部分将从多个角度探讨古代社会对老年人的关注与支持，包括家庭、宗教、文化、法律和社区等方面。

（一）家庭角度

在古代社会，家庭一直是老年人最主要的支持系统之一。家庭是社会的基本单位，亲情和孝道在古代文化中占有重要地位。在许多古代文明中，子女对父母的尊敬和照顾被视为一种道德责任。

孝道文化：孝道被视为一种至高无上的美德，儒家思想对于孝顺父母的强调在古代社会极为普遍。子女有责任有义务对年迈的父母提供物质和精神上的支持。例如，中国的孝道文化中，有"孝悌忠信"等核心观念，鼓励子女尊敬和关爱年迈的父母。

居家生活：在古代，多代同堂居住是常见的家庭模式。老年人在家庭中得以与子孙同堂，享受亲情和家庭温暖。这种居家生活模式为老年人提供了社会支持和心理慰藉。

（二）宗教角度

宗教在古代社会中通常也扮演着关键角色，提供了对老年人的关注和支持。不同宗教体系中对老年人的看法和实践各异。

对老年人的尊重：很多宗教教义强调对老年人的尊重和敬仰。

社区支持：宗教组织通常提供社区支持网络，为老年人提供精神慰藉和实际援助。修道院和寺庙等宗教机构也可能为老年人提供庇护和养老服务。

（三）文化角度

文化对于对待老年人的态度和实践有深远的影响。不同文化中存在着对老年人的不同期望和要求。

长者的智慧：在一些文化中，老年人被视为智者，他们的经验和智慧备受尊敬。年长者在传统文化中通常担任着领导角色，为社群提供指导。

传统仪式：一些文化中存在着特殊的老年人仪式，如对老年人的敬拜、尊重或庆典。这些仪式反映了社会对老年人的关注和重视。

（四）法律与制度角度

在古代社会，虽然没有像现代社会中完善的养老法律体系，但也存在一些制度和规范来关心和支持老年人。

财产继承：一些文化中存在着保障老年人财产继承权的法规，确保他们晚年有足够的物质保障。这有助于老年人维持其生活水平。

长寿礼仪：在古代社会，有的设立了专门的长寿礼仪或庆典，用以表彰年迈者的长寿，同时也体现了对他们的尊敬。

（五）社区与互助角度

社区在古代社会中是老年人生活的一个重要组成部分。社区互助和邻里关系为老年人提供了重要的支持。

互助关系：在农耕社会中，邻里之间的互助是常见的现象。邻里关系紧密，邻里之间互相照应，尤其是对于年老体弱的邻里。

社区庇护：一些社区可能会设立专门的庇护机构，为无家可归的老年人提供庇护和基本生活支持。

（六）教育与传承

在古代社会，教育和传承也是对老年人的一种关注与支持。老年人通常被视为家族、社群智慧的传承者，其经验和知识被认为对后代有着重要的启示作用。

学徒制度：在一些文化中，老年人可能担任起教育年轻一代的责任，通过学徒制度将技艺、智慧传承给年轻人。

祖孙关系：在多代同堂居住的家庭中，祖父母与孙辈之间的关系非常重要。他们通过口口相传的方式，传授家族历史、传统文化、道德价值观等，保持着家族的凝聚力和文化传统。

（七）疾病与医疗角度

在古代社会，老年人往往更容易面临健康问题，因此医疗方面也是需要关注的重点。

传统医学：在一些古代文明中，存在着丰富的传统医学知识，老年人可能依靠传统医药或草药疗法来保持健康。

社区医疗支持：一些社区可能设有医疗点或长者疗养院，提供基本的医疗支持和看护服务。

（八）社会排斥与挑战

然而，值得注意的是，并非所有古代社会都对老年人给予充分的关注与支持。有些社会中，老年人可能面临社会排斥、贫困、孤独等问题。特别是在战乱、动荡的年代，老年人往往更容易成为社会的弱势群体。

综合来看，古代社会对老年人的关注与支持在很大程度上受制于当时的文化、宗教、法律、社会制度等多方面因素。有些社会注重家庭和亲情关系，强调孝道；有些社会通过宗教体系来关爱老年人；还有些社会注重传统文化、教育和医疗手段。然而，也存在一些社会对老年人关注不足、社会排斥的情况。

总体而言，古代社会的关注与支持老年人的方式可能相对较为传统，缺乏现代社会完善的养老体系。然而，古代社会的某些价值观和制度仍然对现代社会提供了一些有益的启示，例如家庭关系的重要性、尊老爱幼的传统价值观以及对长者智慧的尊重。在构建现代养老体系时，可以借鉴和结合传统文化的优势，更好地关心和支持老年人，创造一个更加和谐、友爱的社会。

二、工业化时期老年社会工作的发展轨迹

工业化时期的老年社会工作的发展轨迹是一个反映社会变革、经济发展和文化演变的复杂过程。工业化带来了城市化、劳动力重组和社会结构的变革，对老年人的生活方式、社会地位和需求产生了深远的影响。以下将对工业化时期老年社会工作的发展轨迹进行详细探讨。

（一）工业化对老年人的影响

1. 城市化和社会结构变迁

工业化时期，城市化进程迅猛发展，大量人口从农村迁移至城市寻找工作。这导致了社会结构的变迁，老年人的社会地位也随之发生变化。在农业社会，老年人常常依赖家庭和农村社区的支持，而在城市中，社会关系更加疏离，老年人可能面临孤独、社交障碍等问题。

2. 劳动力市场的竞争

随着工业化的推进，劳动力市场的竞争加剧，老年人可能面临失业、退休后的经济困境。工业化时期的养老金体系可能尚未完善，老年人可能更加依赖家庭或自己的储蓄来维持生计。

3. 医疗技术的进步

工业化时期医疗技术的飞速发展改善了老年人的健康状况。新的医疗技术和药物使得老年人能够更好地处理慢性病和疾病，提高了老年人的寿命和生活质量。

（二）工业化时期的老年社会工作发展

1. 社会关怀和慈善机构的兴起

随着城市化和劳动力市场的变革，一些社会关怀机构和慈善组织开始涌现，专门关注老年人的生活状况。这些机构通常提供基本的生活支持、医疗服务和庇护，帮助老年人应对由工业化带来的生活挑战。

2. 养老院和疗养院的建立

为了解决老年人在城市中孤独和照顾问题，养老院和疗养院成为一种常见的解决方案。这些机构提供全天候的照顾服务，包括饮食、医疗、社交活动等，为老年人提供了一个相对安全稳定的居住环境。

3. 法律和政策的制定

随着社会对老年人关注的增加，一些国家开始制定法律和政策，以保障老年人的权益。包括社会养老金制度的建立、老年人医疗保健的优化和老年人权益的法定保护等。

4. 志愿者和社区服务的兴起

工业化时期也见证了社会志愿者和社区服务的兴起。许多志愿者组织和社区服务机构致力于为老年人提供支持，例如定期探访、购物助手、社交活动等，以减缓老年人的社交孤立感。

5. 长寿科技和医疗保健的发展

工业化时期的科技和医疗保健发展，使得老年人能够更好地享受晚年生活。长寿科技、老年医学等领域的进步为老年人提供了更多的选择，使他们能够更长时间地保持健康和活力。医疗保健体系的不断完善，老年人得以更及时地获得医疗服务，延缓慢性疾病的发展，提高生活质量。

（三）工业化时期老年社会工作的挑战

虽然工业化时期为老年社会工作带来了一系列的进步，但也伴随着一些挑战和问题：

1. 家庭关系的疏远

随着城市化的推进，家庭关系可能变得更为疏远。传统的家庭支持系统或许因为就业机会的分散而受到影响，老年人在城市中可能更容易面临孤独和社交隔离。

2. 贫困和经济不平等

在工业化的同时，社会结构的变迁也可能导致贫富差距的加大。一些老年人可能因为经济问题而陷入贫困，难以获得足够的养老金或医疗服务，增加了老年社会工作的负担。

3. 养老机构的质量和管理问题

养老院和疗养院的兴起虽然为老年人提供了一种选择，但在实际运营中也可能面临质量和管理问题。一些养老机构因缺乏专业的医护人员，服务质量难以保障。同时，一些老年人可能对居住在养老机构中感到不适应，导致心理和情感上的困扰。

4. 老年社会工作专业化的不足

在工业化初期，老年社会工作还未完全形成专业体系，相关的培训和专业人才缺乏。这可能导致一些老年服务的不足和不规范，需要更多的投入和专业化的发展。

（四）社会对老年人的观念变革

随着工业化的不断推进，社会对老年人的观念也发生了转变。老年人不再仅仅被视为家庭中的责任和负担，而更多地被看作是社会的宝贵资源。长寿不再被看作是负担，而是社会发展和文明进步的体现。这种观念的转变为老年社会工作提供了更为积极的基础，社会开始更如关注老年人的需求和权益。

（五）科技对老年社会工作的影响

随着科技的迅速发展，特别是信息技术的普及，老年社会工作也受到了极大的影响。科技为老年人提供了更多的社会参与机会，例如在线社交、远程医疗服务、数字化智能设备等，使老年人能够更好地融入社会生活，同时也为老年社会工作提供了更为高效和便捷的工作手段。

（六）社会对老年人权益的法定保障

在工业化时期，由于对老年人需求的不断增加，一些国家开始制定法律来保障老年人的权益。包括社会养老金制度的建立、老年人医疗保健的优化和老年人权益的法定保护等。这为老年社会工作提供了更为清晰的法律依据，使老年人能够更好地享有其应有的权益。

（七）志愿者和社区服务的角色

在工业化时期，社会志愿者和社区服务成为老年社会工作的重要组成部分。志愿者组织和社区服务机构为老年人提供了更多的支持，通过社区活动、定期探访等方式缓解了老年人的社交孤立感，为他们创造了更为温馨的社区环境。

（八）社会工作专业化的推动

工业化时期，随着对老年人需求的不断增加，社会工作逐渐形成一个专业领域。一些国家开始设立社会工作专业机构和培训机构，为从业人员提供专业化的培训和知识体系。这促进了老年社会工作的专业化发展，使得从业人员能够更好地应对老年人的多样化需求。

工业化时期老年社会工作的发展轨迹复杂而多样，受到城市化、劳动力市场的变革、科技发展、社会观念变革等多重因素的影响。尽管存在一些挑战，但工业化时期为老年社会工作带来了新的机遇和发展方向。通过法律保障、社区服务、科技创新以及专业化的推动，老年社会工作逐渐成为社会关注的焦点，为老年人提供更多的支持和关爱。

三、当代老年社会工作的变革与创新

当代社会老龄化问题日益凸显，老年社会工作的变革与创新成为解决老年人需求的关键。在当代，老年社会工作面临多方面的挑战，如人口老龄化、社会结构变化、技术进步等，但同时也催生了一系列创新性的应对措施。本部分将深入探讨当代老年社会工作的变革与创新，以期更好地理解和应对老龄化社会的需求。

（一）人口老龄化与当代老年社会工作

1. 人口老龄化的趋势

随着医疗水平的提高和社会经济的发展，当代社会普遍呈现出人口老龄化趋势。老年人口的比例逐渐增加，这对老年社会工作提出了更为复杂和多样化的需求。

2. 老年人口的多样性

当代老年人群的多样性愈发显著，涵盖了不同年龄段、文化背景、社会经济状况和健康水平的老年人。这使得老年社会工作需要更加差异化和个性化的服务策略，以满足不同老年人的具体需求。

（二）当代老年社会工作的创新与变革

1. 科技在老年社会工作中的作用

（1）远程医疗服务：随着信息技术的飞速发展，远程医疗服务为老年人提供了更加便捷的医疗支持。老年人可以通过视频通话咨询医生，监测健康状况，甚至进行远程医疗诊断。这项技术的创新大大方便了老年人居家养老的可能性，缓解了医疗服务的压力。

（2）智能辅助设备：智能辅助设备如智能手环、智能药盒等，能够帮助老年人更好地管理自己的健康状况。这些设备可以监测生理指标、提醒用药时间，甚至在老年人发生紧急情况时自动发送警报，提高老年人的生活质量和安全性。

2. 社会工作专业化的深化

为更好地应对老年人的多样化需求，社会工作专业化成为当代老年社会工作的关键方向。社会工作者需要具备丰富的专业知识，包括老年心理学、老年医学、社会政策等领域的知识，以便更好地为老年人提供全面、专业的服务。

3. 社区和互助服务的加强

（1）社区养老服务中心：在社区层面，养老服务中心的建设为老年人提供了丰富的社交和康复活动。这些中心不仅提供基本的生活照顾服务，还举办各种文化、体育、健康活动，帮助老年人保持活力和社交。

（2）志愿者服务：当代志愿者服务在老年社会工作中扮演着重要角色。志愿者为老年人提供陪伴、慰藉、助力，同时也为社会工作者提供了更多的支持力量。这种基于社区的互助模式在老年人群中得到了广泛应用。

4. 法律与政策保障的完善

在面对人口老龄化挑战的同时，当代社会逐渐加强了对老年人权益的法律与政策保障。各国纷纷制定并完善老年人权益保护法律，推动老年社会工作的发展。包括社会养老金制度、医疗保健体系、老年人福祉政策等，为老年社会工作提供了更为明确的法规基础。

5. 教育与宣传工作的强化

当代社会越来越重视老年人的心理健康和精神寄托。一些社会工作者通过开展老年人健康教育、心理疏导等活动，提高老年人对自身健康的关注，增强他们的生活质量感。

（三）挑战与前景

1. 技术应用中的障碍

虽然科技在老年社会工作中发挥了积极作用，但一些老年人可能因为对技术的不熟悉和使用困难而受到排斥。因此，将科技融入老年社会工作需要考虑老年人的接受程度和适应性。

2. 服务资源分布不均

不同地区、不同社会经济水平的差异导致了老年社会工作服务资源分配不均。一些较为贫困或偏远地区的老年人可能面临服务不足的问题，需要进一步加强服务资源的均衡配置，确保老年人在各方面都能够得到合理的支持。

3. 养老服务机构管理和监管问题

养老院、社区养老服务中心等机构的管理和监管面临一些挑战。一些机构可能存在服务质量不一、管理混乱、监管不力等问题，需要加强对这些机构的规范和监督，确保老年人在这些机构中能够得到良好的服务和照顾。

4. 人才短缺与社会工作专业化的推动

社会工作人才短缺是当代老年社会工作领域的一大挑战。社会工作者的专业水平直接影响着服务的质量和效果。因此，需要通过加强社会工作专业化的培训，提高社会工作者的职业吸引力，建立更完善的社会工作人才流动机制来解决这一问题。

5. 忽视老年人的心理健康需求

在关注生理健康的同时,有时可能忽视了老年人的心理健康需求。面对退休、失去亲友、生活孤独等问题,老年人往往需要更多的心理支持和关爱。因此,老年社会工作需要更加注重心理健康服务,提供专业的心理疏导和支持。

6. 社会观念的转变

老年社会工作的成功还需伴随社会观念的全面转变。要从传统的"老年是负担"到现代的"老年是资源"的观念,促使整个社会更加关心、尊重老年人,给予他们更多的机会和支持。

(四)未来的发展方向与策略

1. 多层次、差异化的服务体系

未来的老年社会工作应构建更为多层次、差异化的服务体系,以适应不同老年人群的需求。从社区层面到机构层面,提供更全面、更贴近老年人实际需求的服务。

2. 强化社会工作专业化

通过加强社会工作专业化的培训和教育,提高社会工作者的综合素养,使其能够更好地应对老年人的多样化需求。同时,建立相关的职业认证体系和评价机制,确保社会工作者的专业水平。

3. 利用科技手段促进老年社会工作

积极探索并充分利用科技手段,推动智慧老年社会工作的发展。通过建设老年人友好型的智慧社区,推动老年人智慧健康管理系统的建设,提高老年人对科技的接受度。

4. 加强法律与政策保障

未来需要继续加强法律与政策对老年人的保障。制定更为完善的老年人权益法规,规范养老服务机构的运作,确保老年人在经济、医疗、社会保障等方面的权益得到有效保障。

5. 促进社会观念的转变

通过开展广泛的宣传教育工作,引导社会观念的积极转变。强调老年人在社会中的积极作用,树立老年人是社会宝贵资源的理念,营造全社会关心、尊重和支持老年人的良好氛围。

当代老年社会工作的变革与创新在面对人口老龄化和社会结构变化的同时,积极应对了老年人多样化的需求。通过科技的应用、社会工作专业化的深化、社区与互助服务的强化以及法律与政策保障的完善,当代老年社会工作正朝着更为全面、专业、人性化的方向发展。面对未来的挑战,社会需要进一步加强协同合作,共同致力于为老年人创造更好的生活环境和服务体系。通过全社会的努力,可以构建一个更加关爱、尊重和包容的老年社会。

第三节　老年社会工作的重要性与必要性

一、老年人口增长对社会的影响

老年人口的增长是当今社会面临的重要挑战之一。随着医疗水平的提高和生活水平的提升，人口老龄化现象逐渐显现，老年人口在总人口中所占比重逐渐增加。这一现象在全球范围内普遍存在，对社会产生了深远的影响。本部分将深入探讨老年人口增长对社会的影响，涵盖经济、社会、医疗、文化等多个层面。

（一）经济层面的影响

1. 养老金和社会保障负担加重

老年人口的增加使得养老金和社会保障体系面临更大的负担。随着老年人寿命的延长，需要更长时间的养老金支付，而同时缴纳社会保险的劳动人口相对减少。这可能导致养老金体系的可持续性受到威胁，需要政府和社会采取措施来调整养老金制度，保障老年人的基本生活水平。

2. 就业市场和劳动力结构的调整

老年人口的增加对就业市场和劳动力结构产生深刻的影响。一方面，老年人的就业需求增加，需要创造更多符合老年人的就业机会；另一方面，劳动力市场可能面临劳动力短缺，尤其是一些高技能领域。这可能推动社会对调整劳动力市场，加强技能培训的加强。

3. 消费结构和服务业的变革

随着老年人口的增加，消费结构也发生了变化。老年人更倾向于购买与健康、休闲、文化等相关的产品和服务，促使服务业的发展。养老服务、康复服务、文化娱乐等领域的市场需求逐渐上升，对相关产业的发展提出了新的挑战和机遇。

（二）社会层面的影响

1. 家庭结构和功能的变化

老年人口的增长影响了家庭结构和功能。在传统社会中，家庭常常是老年人的主要支持系统，但随着社会结构的变迁，家庭的支持功能可能减弱。子女可能出于工作原因无法居住在同一城市，导致老年人面临生活照料和精神支持的缺失。因此，社会需要寻找替代性的支持系统，包括社区服务、养老院等。

2. 社会服务体系的建设与调整

老年人口的增长要求社会服务体系进行相应的建设和调整。社会需要投入更多资源来建设适应老年人需求的社区服务中心、康复机构、医疗设施等,提供更全面、专业的服务。同时,需要加强对护理人才的培养和社会工作专业化的推动,以更好地满足老年人的多样化需求。

3. 社会文化观念的转变

老年人口的增加也影响了社会的文化观念。传统上,老年人往往被视为社会的负担,但随着老年人生活水平的提高和文化观念的转变,老年人的角色逐渐被重新定义为社会的宝贵资源。这有助于构建更加尊重老年人、注重长者智慧传承的社会氛围。

(三)医疗层面的影响

1. 医疗服务需求的激增

随着老年人口的增加,医疗服务需求也呈现出激增的趋势。老年人因患慢性病、多发病的可能性较高,需要更为频繁和专业的医疗服务。这对医疗体系提出了更高的要求,包括加强医疗资源配置、提高医疗服务效率、发展老年专科医疗等方面的工作。

2. 长寿科技的发展

老年人口增长催生了长寿科技的发展。医学科技在老年人健康管理、疾病治疗等方面取得了显著的进展。智能医疗设备、远程医疗服务、基因治疗等技术的应用为老年人提供了更全面、个性化的医疗服务,延长了老年人的寿命和健康年限。

3. 老年疾病研究的加强

老年人口的增加促使医学界更多关注对老年疾病的研究。在老年人中常见的疾病,如阿尔茨海默病、骨关节疾病、心血管疾病等,已成为医学研究的重点领域。科研人员努力寻找老年疾病的病因、诊断方法和治疗手段,以提高老年人的生活质量和延长寿命。

4. 康复医学的兴起

随着老年人口的增加,康复医学的需求也显著提升。老年人因生活中的意外事故或慢性病导致的功能障碍,需要通过康复医学手段进行康复。康复医学包括康复治疗、康复护理等方面的服务,对老年人维持身体功能、提高生活质量具有重要意义。

(四)社会政策层面的影响

1. 养老制度的调整

老年人口增长对社会养老制度提出了挑战。政府需要根据老年人口的增加,调整养老金的支付标准、提高养老金的可持续性,以确保老年人的基本生活水平。同时,应该探索多元化的养老制度,包括社会养老金、企业养老金、个人储蓄养老金等,以满足老年人的差异化需求。

2. 医疗体系的改革

随着老年人口的增加,医疗体系需要进行相应的改革。包括加大对基层医疗机构的支持，提高医疗资源配置效率，推动医疗服务的社会化、家庭化。政府可以通过政策引导，促进私人医疗机构参与老年人医疗服务，提高医疗服务的多元性和可及性。

3. 健康促进与疾病防控

为了更好地应对老年人口的增长，社会需要加强健康促进和疾病防控工作。通过宣传教育，提高老年人的健康意识，倡导健康生活方式，降低慢性病的发生率。政府还应加大对老年人疫苗接种、慢性病管理等方面的支持，确保老年人的整体健康水平的提高。

4. 老年人权益法律的建设

为了保障老年人的基本权益，社会需要建设健全的老年人权益法律体系。这包括老年人的财产权、健康权、居住权等方面的法律保障。政府应该制定相关法规，明确老年人的法定权利，并通过法律手段来维护老年人的合法权益。

（五）文化层面的影响

1. 老年人角色的社会认知

老年人口的增加影响了社会对老年人角色的认知。传统观念中，老年人往往被视为家庭的长辈，而现代社会开始关注老年人的知识、经验和智慧。老年人被重新定义为社会的宝贵资源，这种认知的变化对促进社会和谐和跨代交流具有积极的影响。

2. 老年文化的传承

随着老年人口的增加，老年文化的传承成为一个重要课题。老年人拥有丰富的人生经验、文化传统和价值观念，这些都是社会宝贵的文化资源。社会应该加强老年文化的传承与保护，通过各种方式记录和弘扬老年人的文化贡献，推动老年文化的发展。

（六）社会挑战与可持续发展

老年人口增长带来了一系列社会挑战，同时也催生了可持续发展的机遇。为了更好地应对老年人口增长的影响，社会需要采取一系列综合性的措施：

1. 制定健全的老龄化政策

政府应该制定健全的老龄化政策，明确老年人口增长对经济、社会、医疗等方面的影响，并通过政策手段引导社会应对。包括养老金制度的调整、医疗体系的改革、老年人权益的法定保障等方面的政策。

2. 加强社会服务体系建设

社会需要加大对社区服务、养老院、医疗机构等老年服务设施的建设力度，提高服务质量，满足老年人的生活和医疗需求。同时，通过发展社区志愿者服务、智慧养老科技等手段，促进老年人更好地参与社会生活。

3. 推动社会文化观念的转变

社会文化观念的转变对更好地应对老年人口增长至关重要。需要通过广泛的宣传教育工作，引导社会重新认识老年人的角色，强调老年人的贡献和价值。倡导尊老敬老、跨代交流的社会氛围，打破年龄歧视，形成一个更加关爱、尊重老年人的文化氛围。

4. 促进老年人就业和社会参与

为了更好地整合老年人的力量，社会需要创造更多适应老年人的就业机会，推动老年人参与社会服务、志愿者工作等。通过发挥老年人在社区建设、文化传承、教育等领域的经验和智慧，促进社会资源的更加充分利用。

5. 加大科技创新力度

科技创新对于应对老年人口增长具有重要的支持作用。智能养老设备、远程医疗服务、虚拟社交平台等科技手段可以提高老年人的生活质量和便利性。因此，社会需要加大对科技创新的支持力度，推动相关产业的发展，以满足老年人的各类需求。

6. 加强跨部门合作

为了更好地协同应对老年人口增长的多方面影响，社会各界需要加强跨部门的合作。政府、社会组织、企业、学术界等应该共同参与老年社会工作，形成合力，建立老年事务的协调机制，推动各方资源的充分整合，提高应对老年人口增长的整体效能。

7. 鼓励社会创新

面对老年人口增长带来的多重挑战，社会需要鼓励社会创新。鼓励社会组织、企业和个人提出解决方案，推动新型养老服务模式、智能养老产品等的创新。通过社会创新，可以更灵活、高效地应对老年人口增长带来的各种问题。

老年人口的增长是一个全球性的趋势，对社会的影响涉及经济、社会、医疗、文化等多个层面。为了更好地应对这一挑战，社会需要采取综合性的、可持续的措施，通过制定健全的政策、加强社会服务体系建设、推动文化观念的转变、促进老年人就业和社会参与等手段，社会可以更好地发挥老年人的积极作用，推动形成更加和谐、充实的老年社会。在这一过程中，政府、社会组织、企业和个人都扮演着重要的角色，需要共同努力，携手应对老年人口增长带来的各种挑战和机遇。

二、老年社会工作在社会福祉中的地位

老年社会工作在社会福祉中扮演着至关重要的角色，其地位不仅仅是对老年人群体的服务，更是对整个社会的福祉和发展做出贡献的一部分。本部分将深入探讨老年社会工作在社会福祉中的地位，包括其功能、意义、挑战和未来发展方向。

（一）老年社会工作的基本功能

1. 提供全面的社会服务

老年社会工作的首要任务是为老年人提供全面的社会服务。包括但不限于医疗护理、心理支持、康复服务、居家服务、社交活动等。通过为老年人提供这些服务，社

会工作者能够提高老年人的生活质量，满足他们不同层面的需求，帮助他们更快速地适应老年生活。

2. 促进老年人社会参与

老年社会工作致力于促进老年人的社会参与。社会参与对老年人的身心健康和生活满意度至关重要。通过组织社交活动、志愿者服务、教育培训等方式，老年社会工作帮助老年人保持社交网络，积极参与社区活动，增强他们的社会认同感和幸福感。

3. 保障老年人的权益

老年社会工作还扮演着保障老年人权益的角色。包括经济权益、医疗权益、居住权益等。通过法律援助、社会工作咨询等手段，社会工作者可以协助老年人解决各类权益纠纷，维护他们的合法权益。

（二）老年社会工作在社会福祉中的意义

1. 促进社会的可持续发展

老年社会工作有助于促进社会的可持续发展。通过提供全面的服务，社会工作者帮助老年人保持健康、积极参与社会，减轻医疗和养老压力。这有助于降低社会医疗和福利支出，促进社会资源的更合理分配。

2. 传承和弘扬社会文化

老年人群拥有丰富的人生经验和文化传统，老年社会工作可以成为传承和弘扬社会文化的平台。通过开展文化活动、口述历史项目等，社会工作者有助于挖掘老年人的文化贡献，促进不同年龄层之间的文化交流。

3. 提高社会整体幸福感

老年社会工作直接关系到社会的整体幸福感。通过为老年人提供关爱和支持，帮助他们保持身心健康，社会工作者可以提高整个社会的幸福感。一个充满关爱和尊重的社会有助于构建和谐社会关系，提升整体社会的幸福指数。

（三）老年社会工作面临的挑战

1. 服务资源不足

老年社会工作面临的一个主要挑战是服务资源的不足。由于老年人口的增加，对服务的需求不断上升，但社会服务资源有限（其中包括人力资源、物质资源和财政资源），社会工作者面临着如何更有效地配置和利用有限的资源以满足老年人的多样化需求的问题。

2. 社会观念的滞后

社会观念的滞后也是老年社会工作面临的挑战之一。在一些社会中，老年人依然被传统观念所束缚，被认为是负担而非资源。这种观念阻碍了老年社会工作的发展，社会工作者需要积极推动社会观念的更新，弘扬尊老、爱老的文化。

3. 专业人才短缺

老年社会工作需要具备一定的专业素养，但在一些地区和领域，社会工作专业人才相对短缺。这意味着需要加强对社会工作者的培训和教育，提高他们的综合素养，以更好地适应老年人服务的专业化需求。

4. 跨部门合作不足

老年社会工作涉及多个领域，需要跨部门的协同合作。然而，由于各部门之间信息共享不畅、协同机制不健全等原因，跨部门合作存在一定困难。社会工作者需要推动不同领域之间的紧密合作，共同应对老年人服务中的多层次问题。

（四）未来发展方向与策略

1. 推动社会观念转变

为了进一步发挥老年社会工作的作用，需要加强社会观念的转变。通过开展宣传教育、媒体宣传、社会活动等手段，倡导尊重老年人、关爱老年人的文化，减少年龄歧视，推动社会形成更加积极向上的老年观。同时，可以通过引入老年人参与社会决策的机制，提高老年人在社会中的地位和作用。

2. 加强社会工作专业化培训

为了应对老年社会工作专业人才短缺的问题，需要加强社会工作专业化培训。社会工作者需要具备对老年人需求的深刻理解，掌握老年心理学、康复医学、社会政策等相关知识。同时，还需要培养社会工作者的沟通能力、团队协作能力等综合素养，以更好地服务老年人。

3. 制定健全的政策法规

政府应该制定健全的政策法规，支持老年社会工作的发展。这包括对老年服务机构的扶持政策、对社会工作者的培训和激励政策、对老年人权益的法定保障等政策。通过政策引导，可以促进老年社会工作的良性发展，提高服务的质量和可及性。

4. 加强跨部门协同合作

为了解决老年社会工作跨部门合作不足的问题，需要建立健全的跨部门协同机制。政府可以组织相关部门，建立老年事务协调机构，加强信息共享，促进各个领域的资源整合。同时，可以建立老年服务的跨部门联席会议，定期研讨和解决老年服务中的重要问题。

5. 推动科技与老年社会工作的融合

随着科技的发展，可以借助先进技术促进老年社会工作的创新和效率的提高。智能养老设备、远程医疗服务、虚拟社交平台等技术手段可以为老年人提供更便捷、个性化的服务。社会工作者需要不断学习和应用新技术，推动科技与老年社会工作的深度融合。

6. 加大对社会工作的宣传力度

为了提高社会对老年社会工作的认知和重视程度，需要加大对社会工作的宣传力度。可以通过媒体、社交平台、社区活动等多种途径，宣传老年社会工作的价值和意义，展示社会工作者的奉献精神和服务成果，引导社会形成对老年社会工作的积极态度。

老年社会工作在社会福利中的地位不可忽视，它不仅关系到老年人的生活质量和权益保障，更关系到整个社会的幸福感和可持续发展。面对老年人口的增长和社会变革，社会工作者需要不断提高专业水平，积极推动社会观念的转变，倡导尊老、爱老的文化。同时，需要政府、社会组织、企业等多方合力，通过制定健全的政策法规、加强跨部门协同合作、推动科技与老年社会工作的融合等手段，共同构建关爱老年人、促进社会福利的社会环境。只有在全社会的共同努力下，老年社会工作才能更好地发挥其在社会福利中的独特作用。

三、老年社会工作对个体与社区的价值与贡献

老年社会工作对个体和社区的价值与贡献是多方面的，涵盖了身体、心理、社交、文化等多个层面。在社会的大背景下，老年社会工作通过为老年人提供关爱、支持和服务，不仅能够改善个体老年人的生活质量，而且有助于社区的和谐发展。本书将深入探讨老年社会工作对个体和社区的价值与贡献，并分析其中的关键因素和潜在问题。

（一）对个体的价值与贡献

1. 促进身体健康

老年社会工作通过提供医疗护理、康复服务和健康教育，有助于促进老年个体的身体健康。定期的健康检查、康复锻炼、慢性病管理等服务，可以延缓老年人体能的衰退，提高免疫力，降低患病风险。这有助于老年人保持独立性，延缓生活自理能力的丧失，提高生活质量。

2. 支持心理健康

老年社会工作不仅关注身体健康，还注重心理健康。通过提供心理咨询、心理支持小组、社交活动等服务，有助于缓解老年人的孤独、抑郁、焦虑等心理问题。积极的心理健康有助于老年人更好地适应生活变化，保持积极的生活态度，提高生活满意度。

3. 促进社会参与

老年社会工作通过组织社交活动、文化娱乐、志愿者服务等方式，促进老年人的社会参与。积极参与社区活动不仅有助于老年人建立社交网络，减缓社交隔离的发生，还能够传承老年人的经验和智慧，为社区注入活力。社会参与不仅对老年人个体有益，也有助于社区的发展。

4. 保障社会权益

老年社会工作致力于保障老年人的社会权益。通过法律援助、权益咨询等手段，老年社会工作可以帮助老年人维护合法权益，防范不法行为，确保老年人在社会中享有平等权利。这有助于构建一个公平正义的社会环境，提升老年人的社会地位。

5. 传承和弘扬文化

老年人拥有丰富的人生经验和文化传统，老年社会工作可以成为传承和弘扬文化的平台。通过开展文化活动、庆典、口述历史项目等，挖掘老年人的文化贡献，促进不同年龄层之间的文化交流，社区形成多元文化，提升社区文化底蕴。

（二）对社区的价值与贡献

1. 构建和谐社区关系

老年社会工作通过关注老年人的需求，促进老年人与社区其他居民之间的联系，有助于构建和谐的社区关系。通过丰富多彩的社区活动、邻里互助等方式，老年社会工作可以打破年龄层面的隔阂，促进跨代交流，增强社区凝聚力。

2. 提高社区幸福感 老年社会工作对社区的贡献还表现在提高社区整体幸福感方面。通过关心和服务老年人，社区能够体现关爱、尊重和共同体意识。老年人的满足感和幸福感对整个社区的氛围产生积极影响，营造出一个充满温暖和关怀的社区环境，提高居民的生活满意度。

3. 充实社区资源

老年社会工作有助于充实社区的资源。通过整合老年人的智慧和经验，社区可以获得更为丰富的资源，老年人可以在社区开展各类志愿服务、文化活动、知识传承等，为社区注入更多积极的元素，促进社区的可持续发展。

4. 减轻医疗和养老压力

老年社会工作通过提供健康服务、社会支持等方式，有助于减轻社区的医疗和养老压力。在老龄化社会中，社区面临着日益增长的养老需求和医疗服务需求，老年社会工作的介入可以分担社区医疗和养老的压力，提高社区的整体服务水平。

5. 促进社区可持续发展

老年社会工作还对社区的可持续发展产生积极影响。通过关注老年人的需求，社区能够更全面地了解社区居民的实际情况，有助于制定更科学、更贴近社区实际的发展规划。在社会、文化、经济等多个领域，老年社会工作为社区的可持续发展提供了有益的信息和支持。

（三）关键因素与潜在问题

1. 关键因素

社区参与度：社区居民的积极参与是老年社会工作能否发挥价值的重要因素。社区的组织能力、居民的参与程度直接关系到老年社会工作的实际效果。

政策支持：政府的政策支持对于老年社会工作的开展至关重要。健全的政策体系能够提供资金、法律保障和政策支持，推动老年社会工作的全面发展。

专业社会工作者：具备专业知识和经验的社会工作者是保障老年社会工作质量的基石。他们能够提供更专业、个性化的服务，更好地满足老年人的多元化需求。

社会文化观念：社会文化观念直接影响老年社会工作的开展。一个尊重老年人、注重社区共建的社会文化能够为老年社会工作提供更好的发展环境。

2. 潜在问题

资源匮乏：老年社会工作可能面临资源匮乏的问题，包括人力资源、财政资金等，这可能导致服务的不足和质量下降。

老年人多样性：不同老年人群体存在多样性，包括文化背景、健康状况等差异。老年社会工作可能面临如何更好地满足不同群体需求的挑战。

社会观念滞后：在一些社区，仍存在对老年人的陈旧观念，老年人被视为负担，这可能导致老年社会工作的难以开展和推广。

（四）未来发展方向与策略

1. 强化社区建设

未来发展中，需要进一步强化社区建设，提高社区的组织能力和服务水平。通过培养社区组织、建设社区平台、加强社区网络，促使社区居民更积极地参与老年社会工作。

2. 拓展服务内容

未来老年社会工作可以拓展服务内容，不仅关注老年人的医疗和生活需求，还应包括文化活动、技能培训、社交互动等更为多元化的服务，这有助于更好地满足老年人的多层次需求。

3. 推动社会观念变革

需要通过宣传教育、媒体宣传等手段，推动社会观念的变革。强调老年人的贡献和价值，消除年龄歧视，形成尊老、爱老的社会文化氛围。

4. 加强跨部门合作

未来的发展需要更加强化跨部门的协同合作。政府、社会组织、企业等不同领域的合作，可以整合各方资源，形成更有力的老年社会工作网络。

5. 制定科学的政策

政府需要更加科学合理地制定政策，支持老年社会工作的发展。包括提供资金支持、建立法律法规、设立老年服务机构等。科学合理的政策体系将有助于提高老年社会工作的质量和可持续性。

6. 加强专业社会工作者队伍建设

加强专业社会工作者队伍的培养和建设是未来的发展方向。通过提高社会工作者的专业水平，他们能够更好地应对老年人的多样化需求，提供更加专业化的服务。

7. 利用科技手段促进老年社会工作创新

科技的发展为老年社会工作提供了更多创新的可能。可以通过智能化养老设备、远程医疗服务、虚拟社交平台等科技手段，提高老年人的生活便利性和服务水平。社会工作者需要紧跟科技发展，将先进技术引入老年社会工作中，创造更加便捷、高效的服务模式。

老年社会工作对个体和社区的价值与贡献是全面而深远的。通过关注老年人的身体健康、心理健康、社会参与和文化传承等多个方面，老年社会工作有助于提高老年人的生活质量，促进社区的和谐发展。然而，要实现更大的价值和贡献，仍然需要社会各界的共同努力。政府、社会组织、企业和个人都应该积极参与，制定科学的政策，加强专业社会工作者队伍建设，推动社会观念的变革，充分利用科技手段，共同构建一个关爱老年人、促进社区福祉的社会环境。在全社会的共同努力下，老年社会工作将为建设更为和谐、包容、可持续的社会做出重要的贡献。

第四节 老年社会工作与社会变革的关系

一、老年社会工作在社会转型中的作用

老年社会工作在社会转型中扮演着至关重要的角色，特别是在面对人口老龄化、社会结构变迁、价值观念演变等多重挑战的背景下。本部分将深入探讨老年社会工作在社会转型中的作用，包括其对个体、社区以及整个社会的影响，以及未来应对挑战的策略和方向。

（一）人口老龄化与老年社会工作

1. 人口老龄化的挑战

人口老龄化是当代社会面临的一个重大挑战。随着医疗水平的提高和生活水平的提升，全球范围内老年人口不断增加。这种趋势对社会经济、医疗保障、养老服务等方面提出了严峻的考验。

2. 老年社会工作的作用

老年社会工作在人口老龄化的社会转型中发挥着关键的作用。首先，通过提供全面的养老服务，老年社会工作帮助老年人维持健康、促进社会融合。其次，社会工作

者可以通过康复护理、心理支持等方式，帮助老年人适应身体和心理的变化。最后，老年社会工作通过社交活动、文化娱乐等方式，提高老年人的社会参与度，降低社会隔离感。

3. 未来策略

为了更好地应对人口老龄化，老年社会工作需要进一步强化专业化培训，提高服务水平。政府应加大对老年社会工作的支持，制定更加完善的政策体系，鼓励社会组织和企业参与养老服务的创新与发展。同时，推动社会观念的转变，倡导尊老、爱老的文化，减少年龄歧视，营造良好的老年社会工作发展环境。

（二）社会结构变迁与老年社会工作

1. 社会结构变迁的挑战

随着社会经济的发展和科技的进步，社会结构发生了深刻变化。家庭结构的核心化减弱、城市化进程加快，导致传统的家庭养老模式面临压力。这使得老年人更加依赖社会化的养老服务。

2. 老年社会工作的作用

老年社会工作在社会结构变迁中具有积极的作用。首先，社会工作者可以通过提供社会支持、居家服务等方式，弥补家庭养老的不足。其次，老年社会工作可以促进社区建设，强化邻里关系，形成一个相互支持的社区网络。最后，通过为老年人提供文化活动、技能培训等服务，老年社会工作有助于老年人更好地融入社会，保持积极的社会参与。

3. 未来策略

为了应对社会结构的变迁，老年社会工作需要不断创新服务模式。推动建设以社区为基础的养老服务体系，提供更为个性化、贴心的服务。政府可以加强对社会工作者的培训，提升其专业素养，鼓励社会组织与企业参与社区建设，共同营造支持老年人的友好社会环境。

（三）价值观念演变与老年社会工作

1. 价值观念演变的挑战

随着社会的不断发展，人们的价值观念也在发生着变化。传统的尊老、敬老观念在一些地区逐渐淡化，年轻一代对于老年人的关注程度降低，甚至出现对老年人的不理解和忽视。

2. 老年社会工作的作用

老年社会工作在价值观念演变中发挥着引领和调适的作用。首先，通过开展宣传教育、文化活动等方式，弘扬尊老、爱老的传统文化，唤起社会对老年人的理解和关怀。

其次，通过提供针对不同年龄层次的服务，老年社会工作有助于拉近不同年龄段之间的距离，促进相互理解。最后，社会工作者可以通过个案服务，深入了解老年人的需求和期望，有针对性地提供服务，树立正面典型，引导社会关注和尊重老年人。

3.未来策略

为了适应价值观念的演变，老年社会工作需要更主动地介入社会舆论，推动社会观念的转变。可以通过媒体宣传、社交平台等渠道，宣传老年社会工作的重要性，强调老年人的贡献和价值。此外，社会工作者可以通过开展多样化的文化活动、庆典等方式，增加老年人与社会其他成员的交流机会，促使年轻一代更深刻地理解老年人的生活经验和需求。

（四）社会福祉体系建设与老年社会工作

1.社会福祉体系建设的挑战

社会福祉体系建设是一个涉及多方面、综合性的任务。随着社会转型，社会福祉体系面临着不断增长的压力，需要更好地满足多样化的需求，而老年人的需求往往占据其中的重要一部分。

2.老年社会工作的作用

老年社会工作在社会福祉体系建设中具有重要地位。首先，通过提供全面的老年人服务，老年社会工作有助于增强社会福祉的全面性和包容性。其次，社会工作者可以在社会福祉政策的制定中提供专业建议，确保政策更加合理和可行。最后，老年社会工作通过关注弱势群体，弥补社会福祉体系中的不平等，推动社会的公正和包容。

3.未来策略

在社会福祉体系建设方面，老年社会工作需要更加主动地参与政策制定过程，提出关于老年人需求的具体建议。此外，可以通过推动社会工作者的跨专业协作，整合社会资源，搭建更加完善的社会福祉服务网络。政府、社会组织和企业也应共同努力，形成合力，确保社会福祉体系更全面地覆盖和服务老年人群体。

（五）跨代沟通与社会融合

1.跨代沟通的挑战

社会转型中，不同年龄层之间存在着一定的沟通障碍。传统的价值观念可能导致老年人与年轻人之间的理解不足，加上科技进步对生活方式的影响，导致代沟的出现，限制了不同年龄群体之间的交流。

2.老年社会工作的作用

老年社会工作在跨代沟通和社会融合中发挥着积极的作用。首先，通过组织各类社交、文化活动，老年社会工作促进了老年人与其他年龄层之间的交流与融合。其次，社会工作者可以作为桥梁，引导不同年龄层之间建立更加密切的关系，倡导尊重、理解和共融的社会氛围。

3. 未来策略

未来老年社会工作需要更加注重跨代沟通的培训与教育。社会工作者可以通过开展跨代交流活动、培训课程等方式，提高不同年龄层之间的相互理解。同时，可以通过社会媒体、数字科技等手段，促进不同年龄层次的信息互通，减少沟通壁垒，共同推动社会的融合与发展。

（六）创新科技与老年社会工作

1. 科技发展的机遇

随着科技的不断发展，数字化、智能化等技术逐渐应用到老年社会工作中。这为提升老年服务的质量、效率和个性化水平提供了新的机遇。

2. 老年社会工作的作用

老年社会工作通过整合科技资源，应用先进的科技手段，可以提供更智能化的养老服务。例如，智能健康监测设备、远程医疗服务、虚拟社交平台等，有助于老年人更好地管理健康、保持社交联系，提升生活质量。

3. 未来策略

未来老年社会工作需要更加积极地与科技结合，推动服务模式的创新。可以通过培训社会工作者的数字技能，提高其运用科技的能力。同时，政府、企业和社会组织可以共同投入研发，推动更多智能化、个性化的老年服务产品和服务模式的应用。

老年社会工作在社会转型中的作用至关重要。面对人口老龄化、社会结构变迁、价值观念演变等多重挑战，老年社会工作通过提供全面的养老服务、促进社会融合、推动科技创新等多方面发挥作用。为了更好地适应未来社会的发展趋势，老年社会工作需要不断创新，强化专业化培训，促进政策支持，推动社会观念的变革，实现老年人群体更好的生活质量和社会融合。

二、社会变革对老年社会工作的挑战与机遇

社会变革是一个不断进行的复杂过程，涉及到政治、经济、文化、科技等多个方面。在这个过程中，老年社会工作面临着诸多挑战，同时也蕴含着丰富的机遇。本部分将深入探讨社会变革对老年社会工作的影响，分析其中的挑战与机遇，并提出应对的策略和发展方向。

（一）挑战与机遇的背景

1. 社会结构变迁

社会结构的变迁是社会变革的一个重要方面。随着城市化的进程和家庭结构的变

化，老年人在家庭中的地位和角色发生了改变。传统的家庭养老模式逐渐减弱，老年人更加依赖社会化的养老服务。

挑战：传统家庭养老的减弱可能导致老年人面临孤独、社交隔离等问题。社会化养老服务的需求不断增加，对老年社会工作提出了更高的要求。

机遇：社会化养老服务的需求增加为老年社会工作提供了更广阔的发展空间。通过建设更完善的社区服务体系，可以更好地满足老年人多样化的需求。

2. 技术创新

科技的迅速发展对社会各个层面产生深远影响，也影响到老年人的生活。互联网、智能设备、人工智能等新技术的广泛应用改变了老年人的生活方式和社交模式。

挑战：一些老年人可能面临技术鸿沟，无法充分利用新技术带来的便利。同时，虚拟社交可能无法替代真实社交，使老年人感到孤独。

机遇：技术创新为提升老年社会工作的效率和质量提供了可能性。通过培训老年人运用新技术，可以更好地整合社会资源，提供更智能化、便捷的服务。

3. 人口老龄化

全球范围内人口老龄化是一个普遍存在的趋势。老年人口的增加意味着对养老服务、医疗保障等方面的需求将显著上升。

挑战：养老服务的需求激增可能导致资源不足，服务质量下降。同时，老年人的健康状况差异大，对不同程度的医疗和护理服务的需求也有所不同。

机遇：人口老龄化为老年社会工作提供了广泛的服务对象，有望通过提供差异化、个性化的服务来满足老年人多样化的需求。

（二）挑战与机遇的分析

1. 挑战：社会经济压力增大

随着人口老龄化，社会经济压力增大，养老金、医疗保障等方面的支出也不断上升。这对社会福利体系提出了更高的要求，老年社会工作需要应对经费有限的局面。

应对策略：加强社会福祉体系建设，推动社会工作专业化和科技创新，提高服务效率。同时，制定更加灵活、可持续的养老金和医疗保障政策，实现资源的合理分配。

2. 机遇：社区建设的推动

社会变革中，社区建设愈发重要。强化社区服务，使老年人能够更快速地融入社区，形成更加和谐的社会关系。

应对策略：加强社区建设，提供更全面、多元的老年社会工作服务。通过建设老年人友好型社区，促进邻里关系的发展，提供便利的社区设施和服务，增加老年人的社交活动，降低社会隔离感。同时，鼓励老年人参与社区活动，发挥他们的积极作用，共同建设更具包容性和温馨的社区环境。

3. 挑战：社会观念的变革

随着社会的发展，一些传统的社会观念可能滞后于时代。老年人在一些文化中被视为负担，年龄歧视现象依然存在。这使得老年人在社会中面临不公平的对待。

应对策略：积极推动社会观念的变革，加强对老年人的正面宣传，弘扬尊老爱老的文化传统。通过教育和媒体的力量，树立老年人的正面形象，倡导全社会关心和尊重老年人，消除年龄歧视，促进社会的公正和包容。

4. 机遇：跨界合作的拓展

社会变革加强了不同领域之间的互动与合作。老年社会工作有机会与医疗、科技、教育等领域进行更密切的合作，共同应对老年人多层次、多领域的需求。

应对策略：加强跨界合作，促进社会工作与其他领域的交流与互动。与医疗机构合作，提供全面的健康服务；与科技企业合作，推动智能化老年服务的发展；与教育机构合作，开展老年人技能培训等，形成多方共赢的合作模式。

（三）社会变革中的老年社会工作策略

1. 提升社会工作者专业素养

面对社会变革带来的多样化、复杂化的需求，社会工作者需要具备更为专业的知识和技能。相关培训和继续教育将成为关键，以确保社会工作者能够胜任应对老年人多层次需求的工作。

2. 推动科技创新

积极引入科技创新是解决老年社会工作面临的问题的有效途径。通过智能设备、远程医疗、虚拟社交平台等技术手段，提高服务的智能化水平，满足老年人多样化需求。

3. 倡导跨界合作

社会工作需要主动与医疗、科技、教育等领域进行跨界合作。借助各领域的资源和优势，共同为老年人提供更全面、高效的服务，形成多方共赢的合作模式。

4. 强化社区建设

加强社区建设是应对老年人需求的重要途径。通过建设老年人友好型社区，提高社区服务水平，增加社区设施和服务，营造融洽的邻里关系，降低社会隔离感，使老年人更好地融入社区生活。

5. 推动社会观念变革

通过教育、媒体宣传等手段，积极推动社会观念的变革。倡导尊老爱老的文化传统，树立老年人积极、有价值的形象，消除年龄歧视，促进社会的公正和包容。社会工作者可以成为倡导者和推动者，通过社会活动、公益项目等方式，促进社会对老年人的关注和尊重。

6. 增强老年人自主权和参与度

在老年社会工作中，要重视老年人的主体地位，鼓励他们参与决策和管理。通过建立老年人参与社会工作的机制，充分发挥老年人的智慧和经验，使其成为社会工作的主动参与者。

7. 加强国际合作与经验分享

面对全球化的挑战，加强国际合作是推动老年社会工作发展的重要手段。通过与其他国家、地区进行经验分享、学习借鉴，共同探讨老年社会工作的最佳实践，推动行业水平的提升。

（四）未来展望

老年社会工作在社会变革中既面临挑战，又蕴藏着巨大的机遇。未来，随着科技的发展、社会观念的变革以及社会结构的调整，老年社会工作将进入更为多元化、专业化、智能化的发展阶段。

首先，科技将成为老年社会工作的重要驱动力。智能化养老设备、大数据分析、人工智能等技术将为老年人提供更为个性化、便捷的服务。社会工作者需要适应科技发展的趋势，不断学习更新的技能，将科技与实际服务相结合，提高服务水平。

其次，社会工作者的专业化将更受重视。老年人的需求日益多元化，社会工作者需要具备更广泛的专业知识，包括医疗、心理、法律等领域的知识。相关的专业培训和继续教育将成为社会工作者不可或缺的一部分。

再者，社会观念的转变将为老年社会工作带来更多的支持。随着尊老、爱老的文化观念深入人心，社会将更加重视老年人的需求，提高对老年社会工作的认知和支持程度。

最后，社会工作者需要在国际上进行更广泛的合作。老年社会工作的问题是全球性的，各国可以通过经验分享、合作研究等方式共同应对。国际的交流将促使老年社会工作在全球范围内不断提升，形成更加完善的发展模式。

社会变革带来的挑战与机遇使得老年社会工作在发展中愈发显得重要。在未来，通过加强社会工作者的专业培训、推动科技创新、倡导社会观念变革、强化老年人自主权与参与度、加强国际合作等策略，老年社会工作将更好地适应社会变革的要求，为老年人提供更全面、贴心的服务，助力构建一个更为包容、尊重和关爱的社会。

三、老年社会工作的创新与适应社会变革的策略

老年社会工作作为社会服务领域的一部分，在面对快速变革的社会背景下，需要不断创新以适应老年人的多样化需求和社会的发展。本部分将深入探讨老年社会工作的创新策略以及适应社会变革的战略，以确保老年人获得更全面、个性化的支持和服务。

(一)创新策略

1. 整合科技与智能化服务

挑战:随着科技的飞速发展,老年人与数字科技的融合成为一项迫切的需求。然而,一些老年人可能对新技术感到陌生或不适应,导致信息鸿沟的出现。

创新策略:

①数字化培训:提供专门的数字化培训,帮助老年人熟悉和掌握智能设备的使用,包括智能手机、平板电脑等。

②智能化服务:推动智能健康监测、远程医疗、虚拟社交平台等科技在老年社会工作中的应用,以提高服务的智能化水平。

③定制化应用:开发老年人友好型应用程序,满足他们的具体需求,例如健康管理、社交互动、在线学习等。

2. 社区建设与社交支持

挑战:传统的家庭结构发生变化,老年人可能面临社交孤立和缺乏支持的问题。

创新策略:

①社区服务中心:建设老年人友好型的社区服务中心,提供丰富多彩的文化、娱乐、健康活动,促进老年人之间的社交。

②社交平台:利用互联网技术建立老年人社交平台,方便他们分享经验、建立社交网络,减轻孤独感。

③邻里互助:倡导邻里互助,鼓励社区居民关心并协助老年人,形成紧密的邻里关系网。

3. 个性化养老服务

挑战:不同老年人的需求和健康状况千差万别,传统的一刀切服务难以满足个性化需求。

创新策略:

①个性化评估:利用先进的评估工具,全面了解老年人的身体状况、心理需求和兴趣爱好,制定个性化的服务计划。

②定制化养老服务:提供个性化的康复护理、膳食制定、文娱活动等服务,以满足老年人特定的生活需求。

③家庭定制服务:将服务延伸至老年人的家庭,提供上门服务,更好地照顾那些无法到访社区中心的老年人。

4. 社会创新与社会企业合作

挑战:社会工作面临资源匮乏和服务不足的问题,传统的服务模式难以满足不断增长的老年人群体需求。

创新策略：

①社会企业合作：与社会企业合作，推动社会工作项目的社会化、市场化，吸引更多资源参与老年服务。

②社会创业：鼓励社会工作者和创业者共同创办社会创业项目，探索更具创新性和可持续性的服务模式，以填补传统社会工作中的空白。

③社会创新平台：建立社会创新平台，吸引社会各界力量参与老年社会工作的创新项目，促使更多创新理念和技术得以落地实施。

5. 跨界合作与综合服务

挑战：老年人往往面临多重需求，如医疗、护理、心理健康等，传统的服务机构之间缺乏良好的协同机制。

创新策略：

①跨界合作：促进不同领域的跨界合作，将医疗、社会工作、科技、教育等资源整合，形成全方位的服务网络。

②综合服务中心：设立综合服务中心，集成医疗、康复、社会工作、心理咨询等服务，为老年人提供一站式综合服务。

③多职业团队：组建多职业团队，包括医生、社会工作者、心理医生等，共同协作，制定综合性的个性化服务方案。

（二）适应社会变革的战略

1. 聚焦社会变革趋势

战略：主动洞察社会变革趋势，包括科技发展、人口老龄化、社会观念变迁等方面，根据趋势调整老年社会工作的服务模式和策略，以确保服务与时俱进。

2. 强化专业人才培养

战略：加强对社会工作者的专业培训，使其具备应对新挑战的能力。培养一支懂得科技、了解医疗、具备跨界合作经验的高水平老年社会工作者队伍。

3. 提升科技应用水平

战略：不断提升老年社会工作的科技应用水平，包括数字化服务、智能养老设备的推广、远程医疗等，促进科技与老年服务的深度融合。

4. 拓展社会合作伙伴关系

战略：与政府、企业、非营利组织等建立更紧密的合作伙伴关系，共同推动老年社会工作的创新与发展，分享资源、经验和技术。

5. 加强社会参与与倡导

战略：通过社区教育、媒体宣传等手段，积极倡导社会尊重和关爱老年人的理念，鼓励社会各界积极参与老年社会工作，形成社会共同关注的氛围。

老年社会工作在社会变革中面临众多挑战，但也蕴含着广阔的发展机遇。通过创新策略，包括整合科技、社区建设、个性化服务、社会创新与企业合作等方面的举措，老年社会工作能够更好地满足老年人多样化的需求。适应社会变革的战略，则需要在聚焦社会变革趋势的基础上，强调专业人才培养、提升科技应用水平、拓展社会合作伙伴关系和加强社会参与与倡导。这些战略能够使老年社会工作更加灵活、创新，并更好地服务老年人群体。

第五节　老年社会工作的国际比较

一、国际老年社会工作经验的交流与借鉴

老年社会工作是随着全球人口老龄化趋势而备受关注的领域之一。不同国家和地区在应对老年人需求方面拥有丰富的经验和实践。本部分旨在探讨国际老年社会工作经验的交流与借鉴，通过对各国成功经验和创新做法的分析，为提升我国老年社会工作水平提供借鉴。

（一）全球老龄化趋势

全球范围内，老龄化已成为一个普遍现象。随着医疗水平提高和生活条件改善，人们的寿命逐渐延长，老年人口比例逐渐增加。这一趋势对社会各个方面都带来了挑战，老年社会工作的重要性也随之凸显。

（二）各国老年社会工作经验的交流

北欧国家的社会福利模式：北欧国家如瑞典、丹麦等以其完善的社会福利制度而闻名，为老年人提供全方位的服务，包括医疗、养老金、长期护理等。这种综合性的社会福利模式有助于对老年人的全面照顾，为其他国家提供了借鉴。

日本的社区参与：日本在老年社会工作中注重社区的参与，通过建立社区互助网络和提供各种社交活动，促进老年人的社会融入感和生活质量。这种基于社区的服务模式在解决老年人孤独和抑郁问题上具有积极作用。

美国的新型养老模式：美国不断尝试新型养老模式，如共居社区、老年人创业等。这些新型养老方式在满足老年人多样化需求的同时，也为其他国家提供了拓展养老服务的思路。

（三）国际借鉴对我国的启示

建立全面的社会福利体系：借鉴北欧国家的经验，我国可逐步建立更为完善的社

会福利体系，包括医疗、养老金、长期护理等，确保老年人在各个方面都能得到支持。

强化社区参与和互助网络：学习日本的经验，我国可推动社区参与，建设老年人互助网络，通过社区活动和服务，提高老年人的社会融入感。

鼓励创新养老模式：借鉴美国的创新养老方式，我国可以鼓励和支持各类创新项目，包括共居社区、老年人创业等，以满足老年人多样化的需求。

加强老年社会工作人才培养：建议我国加强老年社会工作人才的培养，提高专业水平，以更好地应对老年社会工作的需求。

（四）面临的挑战与应对策略

资源不足：面对老龄化带来的需求增加，我国可能面临资源不足的问题。可通过优化资源配置，提高效益，确保资源的充分利用。

文化差异：不同国家和地区存在着文化差异，老年人的需求和期望也不同。在借鉴经验时，要充分考虑文化因素，调整形成适合我国国情的老年社会工作模式。

法律政策不完善：我国的老年社会工作法规和政策相对滞后，需要加强相关法律体系的建设，为老年社会工作提供更为明确的法律支持。

国际老年社会工作经验的交流与借鉴对我国提升老年社会工作水平具有积极的启示作用。通过学习其他国家的成功经验和创新做法，我国可以更好地应对老龄化挑战，提升老年人的生活质量，构建更为健康、和谐的老年社会工作体系。同时，也需要充分考虑我国的国情和文化特点，在借鉴的过程中灵活调整，确保老年社会工作模式的本土化和可行性。

二、跨国合作与老年社会工作的全球发展趋势

老年社会工作作为一个全球性的挑战，迫切需要各国共同努力，通过跨国合作来应对老龄化带来的各种挑战。本书将探讨跨国合作与老年社会工作的全球发展趋势，分析合作的必要性和方式，以期为推动老年社会工作的国际发展提供参考。

（一）全球老年社会工作面临的挑战

人口老龄化：全球范围内，人口老龄化是一项普遍性的挑战。老年人口的增加意味着对医疗、养老服务和长期护理等方面的需求不断增加，对社会福利体系提出更高要求。

社会孤独与融入问题：许多老年人面临社会孤独和融入问题，缺乏社交活动和支持网络。这对心理健康和生活质量造成负面影响，需要通过社会工作来加以解决。

贫困与不平等：在一些国家，老年人中存在贫困和不平等问题，一些弱势群体更容易受到影响。跨国合作可以通过共享成功经验，减缓这些问题对老年人的不利影响。

（二）跨国合作的必要性

共享经验与资源：跨国合作可以促使各国分享老年社会工作的成功经验和最佳实践，避免重复努力，提高工作效率。同时，共享资源，如技术、专业知识和培训经验，有助于更好地满足老年人的需求。

应对全球性挑战：人口老龄化和相关问题是全球性挑战，需要全球范围内的共同努力。跨国合作有助于制定更为全面和协调的解决方案，提高老年社会工作的整体水平。

推动国际标准与法规：通过跨国合作，可以共同制定和推动老年社会工作的国际标准和法规，促进各国在政策制定和实施方面的一致性，提高老年人权益保障水平。

（三）跨国合作的方式和实践

国际组织协作：国际组织如联合国、世界卫生组织等在老年社会工作领域发挥着重要作用。各国可以通过加入国际组织并参与相关合作项目，分享资源和经验，共同应对老龄化挑战。

学术研究合作：各国可以加强在老年社会工作领域的学术研究合作，共同推动理论和实践的进步，通过国际性的学术研讨会、交流活动，促进知识的交流和共享。

跨国志愿服务：通过组织跨国志愿服务项目，各国可以共同培养志愿者队伍，为老年人提供服务。这有助于增加社会参与度，减缓老年人社会孤独问题。

（四）全球发展趋势与前景展望

数字技术的应用：全球老年社会工作将更多地借助数字技术，包括远程医疗、智能健康监测等，以提高服务的便捷性和效率。

社会创新与实践：各国将更加注重社会创新，探索更符合老年人需求的服务模式。社会工作实践将更加注重个体差异，提供个性化的支持与服务。

国际化人才培养：未来，国际化的老年社会工作人才培养将更为重要，培养具备全球视野和跨文化沟通能力的专业人才。

跨国合作对于解决全球老龄化带来的社会工作挑战至关重要。通过各国的协同努力，可以更好地应对老年社会工作的各类问题，提高服务水平，确保老年人的权益和福祉。在全球化的时代，加强跨国合作不仅当下的是迫切需要，也是实现全球老年社会工作可持续发展的关键路径。

第二章 老年社会工作的基本原则与伦理

第一节 老年社会工作的伦理框架

一、伦理原则在老年社会工作中的基础

老年社会工作是一个涉及多方面利益和价值观的领域，于是伦理原则在其实践中显得尤为关键。本部分将深入探讨伦理原则在老年社会工作中的基础，强调在服务老年人的过程中应遵循的核心价值和道德准则，以确保老年人的尊严、权益和福祉得到最大限度的保障。

（一）老年社会工作的背景与挑战

人口老龄化趋势：全球范围内，老年人口比例逐渐增加，带来了对老年社会工作的更高需求。人口老龄化使得社会工作人员面临着更为复杂和敏感的伦理问题。

老年人权益保障：由于老年人通常处于相对脆弱的地位，他们的权益更容易受到侵犯，需要社会工作人员通过伦理原则为其提供保障。

多元文化和背景：老年人群体的多元性，包括文化、宗教、性别等方面的差异，使得老年社会工作需要更为敏感和包容的伦理态度。

（二）老年社会工作的伦理原则

尊重与尊严：尊重老年人的尊严是老年社会工作伦理的核心。社会工作人员应当尊重老年人的权利，礼貌对待每一位服务对象，避免歧视和偏见，消除负面刻板印象。

自决权和自治：尊重老年人的自决权和自治是伦理原则的重要体现。老年人应当在合法、合理的范围内自主做出关于自己生活和医疗的决策，社会工作人员应提供信息和支持，而非代替其决策。

公正和平等：在老年社会工作中，要坚持公正和平等的原则，确保服务的公平分配和老年人在服务中享有平等的机会和权益。

保密和隐私：保护老年人的个人信息和隐私是伦理原则的一部分。社会工作人员需要在法律和道德的框架内保持信息的机密性，避免信息泄露对老年人造成负面影响。

专业责任和义务：社会工作人员应当履行其专业责任和义务，提供高质量的服务，确保老年人得到充分的关爱和支持。

（三）伦理原则的应用与实践

沟通与倾听：在老年社会工作中，有效沟通和倾听是贯彻伦理原则的基本手段。通过倾听老年人的需求和期望，社会工作人员能更好地理解其独特的生活背景和价值观，为其提供更为个性化的服务。

决策协商：尊重老年人的自决权意味着在涉及个人生活的决策中，社会工作人员应当与老年人进行协商，理解其意愿，协助其做出符合个体情况的决策。

多元文化敏感性：由于老年人群体的多元性，社会工作人员需要具备多元文化敏感性，尊重不同文化、宗教和价值观，以确保服务的质量和尊重老年人的多样性。

团队协作：在老年社会工作中，团队协作是保障伦理原则的一种途径。社会工作人员需要与其他专业人士，如医护人员、心理医生等协同工作，提供综合性的服务。

监督和评估：建立健全的监督和评估机制是保障伦理原则得以实施的关键。社会工作机构应当定期对服务进行评估，确保服务符合伦理标准，同时接受社会监督。

（四）伦理决策的复杂性与挑战

伦理冲突处理：在老年社会工作中，可能会面临伦理冲突，例如个体的意愿与家庭利益的冲突。社会工作人员需要具备解决伦理冲突的能力，寻找平衡点并保护老年人的最佳利益。

权衡利弊的难题：有时候，社会工作人员需要在权衡老年人的自主权和安全利益之间做出艰难的决策，这需要权衡不同伦理原则，考虑服务对象的整体最大福祉。

（五）未来展望与挑战

技术伦理的崛起：随着科技的迅速发展，老年社会工作面临着技术伦理的新挑战。例如，使用智能技术监测老年人的健康状况可能会涉及隐私权和自主权的问题。未来，社会工作人员需要密切关注技术伦理的发展，确保科技应用符合老年人的权益和伦理原则。

全球老龄化背景下的跨文化伦理：随着全球化的推进，老年社会工作中面临的来自不同文化、背景的老年人越来越多。跨文化伦理将成为一个重要的议题，社会工作人员需要适应多元文化，避免文化冲突，提供尊重和包容的服务。

伦理教育和培训：为了更好地应对伦理挑战，未来的发展需要加强社会工作人员的伦理教育和培训。包括对伦理原则的深入理解、决策技能的培养以及与其他专业领域的协同能力。

社会工作政策的制定：政府和相关机构需要制定和完善相关的老年社会工作政策，

以明确伦理标准、规范服务的提供，并为社会工作人员提供明确的法律支持。这有助于建立一个更为健康、可持续的老年社会工作体系。

老年社会工作是一个涉及人类尊严、自主权、公平和正义等伦理价值的领域。伦理原则在老年社会工作中扮演着不可或缺的角色，是社会工作实践的基石。通过尊重老年人的尊严、维护其权益、处理伦理冲突、提高跨文化敏感性等方面的实践，社会工作人员可以更好地应对老年社会工作中的伦理挑战。未来，随着科技发展和社会变迁，伦理原则将继续面临新的挑战，而伦理教育和政策制定将成为应对这些挑战的重要手段。在全球老龄化的背景下，建立一个以伦理为基础的老年社会工作体系，是确保老年人享有尊严和福祉的关键。

二、老年社会工作伦理规范的制定与遵循

老年社会工作的伦理规范是确保服务老年人过程中秉持正义、尊重、保密和专业责任的关键。本部分将深入探讨老年社会工作伦理规范的制定和遵循，强调规范的必要性、制定过程、内容要点以及实际操作中的遵循原则。

（一）老年社会工作伦理规范的必要性

保障老年人权益：制定老年社会工作伦理规范的核心目标之一是保障老年人的基本权益。规范明确了服务的底线，避免了可能对老年人权益构成侵害的行为。

提升服务质量：伦理规范作为服务的指导原则，有助于提升服务的质量。规范能够明确服务的标准和期望，为社会工作人员提供明确的行为准则，使得服务更为专业和可靠。

建立信任关系：遵循伦理规范有助于建立社会工作人员与老年人之间的信任关系。老年人在接受服务时，能够更加放心、相信社会工作人员会遵循规范提供服务。

规范社会工作行为：伦理规范有助于规范社会工作人员的行为，防范潜在的不当行为，确保服务过程中的公正、透明和专业性。

（二）老年社会工作伦理规范的制定过程

研究和调研：制定老年社会工作伦理规范的第一步是进行研究和调研。这包括了解老年人的需求、社会工作实践中的伦理问题，以及其他国家或地区已有的规范。

专家咨询和讨论：制定伦理规范需要广泛的专家咨询和讨论。相关领域的专业人士、老年人代表、伦理学家等都应当参与，以确保规范的全面性和专业性。

制定初稿：在研究和咨询的基础上，制定老年社会工作伦理规范的初稿。初稿应当涵盖服务的各个方面，包括尊重老年人权益、保护隐私、服务公正、服务质量等。

公开征求意见：将初稿公开征求各方面的意见，包括社会工作从业者、老年人、相关机构等。这有助于确保规范的合理性、可行性，同时增加了各方的参与感。

修订和完善：根据公开征求意见的反馈，对规范进行修订和完善。这个过程可能需要多次循环，直至得到老年人的广泛认可和接受。

正式发布和培训：完善后的伦理规范应当正式发布，并进行相关人员的培训。培训的目的是确保社会工作人员充分理解伦理规范，并能够在实际工作中加以遵循。

（三）老年社会工作伦理规范的内容要点

尊重老年人权益：规范中应明确社会工作人员对老年人权益的尊重原则，包括但不限于自主权、隐私权、尊严权等。

服务公正与平等：规范中应阐述社会工作人员在服务中要秉持公正、平等的原则，不偏袒任何特定群体，确保服务的平等分配。

隐私和保密：规范应明确社会工作人员在处理老年人个人信息时的隐私和保密原则，确保信息的安全和老年人的信任。

决策协商与自主权：规范中应当强调与老年人进行决策协商，尊重其自主权，确保在服务中充分尊重老年人的个人意愿。

专业责任和义务：规范应明确社会工作人员的专业责任和义务，包括提供高质量的服务、不涉及不当行为等。

伦理决策的指导：规范应提供在伦理决策面临困难情境时的指导原则，帮助社会工作人员在复杂伦理问题中做出正确决策。

（四）老年社会工作伦理规范的遵循原则

知情同意：在提供服务前，社会工作人员应当向老年人充分说明服务内容、目的和可能产生的影响，并取得其知情同意。

尊重老年人选择：在服务中，社会工作人员应当尊重老年人的选择，不强加个人观点，确保服务是基于老年人的真实需求和意愿的基础上进行的。

保护隐私和保密：社会工作人员需切实保护老年人的隐私和个人信息，在合法和必要的情况下分享相关信息，并且在共享前获得老年人的明确同意。

专业辅导和培训：社会工作人员应不断接受相关领域的培训和专业辅导，以不断提升自身的伦理水平。规范制定机构应提供相应的培训资源，确保社会工作人员了解和理解伦理规范的具体内容和实施方法。

及时报告和处理违规行为：社会工作人员若发现同事或机构内部存在违反伦理规范的行为，应当及时报告，协调处理。对于个别社会工作人员的违规行为，机构应制定相应的处理措施，确保伦理规范的实施。

多元文化敏感性：由于老年人群体的多元性，社会工作人员需要具备跨文化敏感性，尊重和理解不同文化、宗教和价值观的差异。规范中应对多元文化的重要性进行强调，并提供相关的指导原则。

不断学习和更新：伦理规范应当被视为一个动态的文件，需要根据社会变迁、法规更新和实践经验不断修订。社会工作人员应当保持对伦理规范的持续学习，并随时调整自己的实践行为以符合最新的伦理标准。

（五）老年社会工作伦理规范的挑战与未来发展趋势

技术与隐私：随着技术的飞速发展，老年社会工作将面临技术与隐私的平衡问题。如何在使用智能技术的同时保护老年人的隐私将成为一个重要的伦理挑战。

全球化与跨文化：老年社会工作越来越多地涉及跨国和跨文化的服务。因此，伦理规范需要更加注重全球视野，制定更具包容性的原则，以适应不同文化和社会背景下的老年服务。

伦理问题的复杂性：随着老年人服务需求的不断增加，社会工作人员可能面临的伦理问题也变得越来越复杂。规范需要不断升级，以应对不断变化的服务环境和伦理挑战。

政策的支持与法律保障：老年社会工作伦理规范的制定需要得到政策和法律的支持，以确保规范有法可依、有据可依。政府和相关机构应加强对老年服务领域的监管，建立法规体系，为规范的贯彻执行提供支持。

伦理教育的加强：随着老年服务的专业化，伦理教育将成为培养社会工作专业人才的关键。学术机构和培训机构应当加强对伦理原则的教育，培养社会工作人员的伦理素养。

老年社会工作伦理规范的制定与遵循是保障服务质量，维护老年人权益的关键。通过合理的制定过程、明确的内容要点和实际操作中的遵循原则，伦理规范为老年社会工作提供了稳定的道德基础。然而，在伦理规范的制定和实践中仍然会面临着挑战，因此需要不断调整、更新以适应老年服务领域的发展。未来，伦理规范的发展趋势将受到全球化、技术发展等多方面因素的影响，社会工作人员需要不断学习、适应，并确保规范真正地实施在老年人服务中并发挥应有的作用。

三、伦理框架在实际工作中的应用与挑战

伦理框架在实际工作中的应用是社会工作领域不可或缺的一环。它为从业人员提供指导原则，帮助他们在服务中做出明智的决策，并保障服务的质量和尊重个体权益。然而，在应用伦理框架时也会面临一系列的挑战。本部分将深入探讨伦理框架在实际工作中的应用及挑战，以期为社会工作实践提供有益的思考。

（一）伦理框架在社会工作中的应用

明确服务方向：伦理框架为社会工作提供了明确的服务方向。它通过原则和价值

观的阐述,使从业人员清晰地了解在服务中应该优先考虑的是什么,以及如何在道德上正确行事。

决策指导:面对众多的伦理问题,伦理框架为社会工作人员提供了决策的指导原则。例如,当涉及保护个体隐私和维护公正的冲突时,伦理框架可以帮助从业人员找到平衡点,并做出符合道德标准的决策。

建立专业边界:伦理框架有助于建立社会工作的专业边界。通过明确职责和权责,防范潜在的滥用权力或越位行为,确保服务的专业性和合法性。

促进服务质量:伦理框架鼓励社会工作人员提供高质量的服务。遵循伦理原则可以帮助建立可信赖的关系,提升服务的效果,增加服务对象的满意度。

(二)伦理框架应用中的挑战

伦理冲突:在实际工作中,社会工作人员可能面临伦理冲突,即不同伦理原则之间的矛盾。例如,尊重老年人自主权与保护他们的安全可能存在冲突。如何在伦理冲突中做出正确的决策是一个挑战。

跨文化差异:社会工作往往涉及跨文化的服务,不同文化对伦理原则的理解和重视程度可能存在差异。社会工作人员需要在不同文化中灵活应对,确保伦理框架的合理性和适用性。

权力失衡:在服务对象与社会工作人员之间,存在明显的权力不平衡。社会工作人员可能因其职务地位而对服务对象施加影响,这可能导致滥用权力的行为。伦理框架需要帮助社会工作人员在维护专业边界的同时,保持与服务对象的平等关系,确保服务的公正和透明。

法律与伦理的复杂关系:社会工作涉及法律、伦理和道德的交织,但法律和伦理并非总是完全一致。社会工作人员需要同时遵循法律规定和伦理原则,而在某些情况下,这两者可能存在冲突,需要做出艰难的决策。

缺乏明确的伦理标准:在某些情况下,社会工作领域可能缺乏明确的伦理标准,尤其是在新兴领域或面临新挑战的领域。这可能使从业人员在实践中感到困惑,难以确定正确的伦理路径。

服务对象权利的认知差异:服务对象对其权利的认知可能存在差异,部分服务对象可能不了解自己的权益,或者不敢主张。这对社会工作人员提出了更高的要求,需要通过有效的沟通和教育来促进服务对象对其权利的认知。

(三)面对挑战的伦理框架优化与发展

组织伦理培训与教育:加强社会工作人员的伦理培训和教育是解决伦理挑战的关键。通过不断提升从业人员的伦理意识、决策技能和跨文化沟通能力,可以更好地应对伦理冲突和复杂情境。

制定明确的伦理准则：针对社会工作领域的特殊性，有必要制定明确的伦理准则，使其更贴近实际工作场景，更具操作性。这需要专业机构、行业协会和从业人员共同参与，确保伦理准则的全面性和适用性。

建立伦理咨询机制：针对伦理冲突和复杂案例，建立伦理咨询机制，为社会工作人员提供专业的咨询服务。这有助于从业人员更好地理解伦理框架，并得到及时的建议和指导。

开展跨学科研究：通过与伦理学、法学、心理学等相关学科的合作，进行跨学科研究，有助于夯实对伦理框架应用的理论基础，为实际工作提供更有力的支持。

参与制定法规：社会工作专业人员应当积极参与相关法规的制定过程，以确保法律与伦理之间的一致性。这可以通过与政府机构、专业协会等合作来推动法规的制定。

（四）未来展望

未来，伦理框架的应用将继续面临挑战，但也将得到更多的关注和重视。随着社会工作领域的发展，伦理框架不仅需要不断优化，还需要更好地与法律、政策和实际服务相结合。同时，全球化的趋势也将加大社会工作人员对跨文化伦理重要性的理解，促使他们更加关注不同文化、背景下的伦理问题。

综上，伦理框架在实际工作中的应用是社会工作不可或缺的一部分。通过不断总结经验、优化框架、提升从业人员的伦理意识，社会工作可以更灵活地应对各种伦理挑战，为服务对象提供更为优质、尊重和公正的服务。

第二节　尊重老年人的权利与尊严

一、老年人权利的法律保障与实践体现

老年人的权利保障是社会进步的标志，也是对人权理念的体现。随着人口老龄化问题的逐渐显现，各国纷纷通过法律手段来保障老年人的基本权益。本部分将深入探讨老年人权利的法律保障与实践体现，全面了解各国在这一领域的法规建设和具体实践，以期为构建更为人道、公正的老年社会提供有益的启示。

（一）国际层面的老年人权利法律保障

1.《联合国老年人权利公约》

《联合国老年人权利公约》是国际上对老年人权利的一个重要法律文书。该公约于 2011 年通过，并于 2016 年开始生效。其目的在于强调和保障老年人在所有领域的

权利,包括但不限于社会参与、医疗卫生、居住、文化、经济等多个方面。该公约为全球各国提供了共同的法律框架,推动各国在老年人权利领域的法律建设。

2. 其他国际法律文书

除了《联合国老年人权利公约》外,其他国际法律文书也涉及老年人权利的保障。例如,联合国《经济、社会及文化权利国际公约》《消除一切形式歧视妇女公约》等,都在不同程度上强调了老年人权利的保障,呼吁各国采取有效措施,确保老年人在各个方面不受歧视。

(二)老年人权利的实践体现

1. 尊重老年人的尊严和自主权

在实践中,各国通过加强社会教育、提倡尊老爱幼的文化传统等方式,致力于树立尊重老年人尊严和自主权的社会氛围。社会机构和医疗服务提供者也逐渐强调老年人在医疗护理中的个体选择权,鼓励老年人参与决策,确保其在医疗方案中有更多的自主权。

2. 社会参与与文化权利的保障

为了促进老年人的社会参与和文化权益,各国开展了大量的社区活动和文化项目。包括老年人文艺团体、文化交流活动、健康促进活动等项目,为老年人提供了更多参与社会、享受文化的机会。同时,政府通过设立老年人活动中心等实体场所,鼓励老年人积极参与社区建设。

3. 健康权利的法规保障与实践

在老年人的健康权利方面,各国通过医疗保障制度、健康教育项目等方式,提升老年人的健康水平。医疗服务不仅侧重于疾病治疗,还注重健康促进和预防工作。例如,一些国家设立了老年人专属的健康体检项目,为老年人提供个性化的健康服务。

4. 防范老年人虐待与歧视

社会对老年人虐待和歧视的关注逐渐增强,各国通过立法、宣传和社会监督等手段,积极开展反虐待工作。建立了老年人权益保护机构,设立了老年人紧急援助热线,提高了老年人维权的渠道和途径。同时,加强对医疗、养老机构的监管力度,确保老年人在这些机构中得到妥善的照顾,预防虐待和歧视现象的发生。

(三)老年人权利法律保障的挑战

社会观念的转变难度:一些社会中长期存在的对老年人的陈旧观念和歧视态度难以迅速改变。传统的家庭结构、老龄化对社会经济的冲击等因素,使得一部分人对老年人的期望较低,难以完全尊重他们的权利和需求。

法规执行不力:尽管各国纷纷通过法规来保障老年人的权益,但在实际执行中存在不少问题。一方面，一些法规具有一定的抽象性，缺乏具体的执行细则；另一方面，监管机构的职责和权力分配可能不够清晰，导致法规难以有效落实。

医疗和养老资源不足：随着老龄化社会的加剧，医疗和养老资源的不足成为一个普遍问题。老年人需要更多的医疗服务和长期照护，而社会对于这些服务的供给却滞后于需求，造成老年人权利保障的一大难题。

信息不对称和数字鸿沟：一些老年人可能因为信息获取上的不足，或者数字技能的不足而无法充分了解和行使自己的权利。信息不对称和数字鸿沟可能影响老年人对于医疗、社保等服务的获取，制约了他们权益的保障。

（四）解决老年人权利法律保障的措施与展望

加强社会教育与宣传：通过开展广泛的社会教育和宣传活动，改变社会对老年人的陈旧观念，提升对老年人的尊重和理解。强调老年人作为社会的重要组成部分，促使社会更加注重老年人的需求和权利。

完善法规体系和执行机制：各国应进一步完善老年人权利的法规体系，明确法规的执行细则，加强相关监管机构的职责和权力，建立更加健全的法规执行体系，确保老年人的权益得到切实保障。

增加医疗和养老资源投入：各国应加大对医疗和养老资源的投入，建设更多适老化的医疗机构和养老机构。通过政府、社会资本的合作，提高医疗和养老服务的覆盖面和质量，满足老年人日益增长的需求。

发展老年人友好型科技：利用科技手段，发展老年人友好型的信息服务。通过智能设备、APP应用等，提高老年人获取信息的便捷性，降低数字鸿沟的存在，保障老年人在数字化社会中的权益。

强化社会监督和参与：增强社会对医疗、养老机构的监督，鼓励社会组织、志愿者等广泛参与老年人权益保障工作，建立老年人权益保护组织，通过舆论监督等手段推动法规的有效执行。

老年人权利的法律保障与实践体现是一个多层次、复杂性问题，需要国际社会、各国政府、社会机构和个体共同参与。在全球老龄化的背景下，更加全面、健全的法规体系和实践机制是维护老年人尊严、权益的必然选择。通过加强法规建设、社会宣传、资源投入和科技创新，可以更充分地应对老年人权益保障面临的挑战，构建更为人道、平等的老年社会。

二、尊重老年人个体差异的伦理要求

老年人个体差异是老年社会工作中一项重要而复杂的伦理问题。老年人群体包含了丰富的个体差异，涉及生理、心理、社会、文化等多个层面。尊重老年人个体差异是一项迫切的伦理要求，它涉及对老年人尊严的尊重、权利的保障以及老年服务的公正性。本部分将深入探讨尊重老年人个体差异的伦理要求，从不同角度分析尊重原则的内涵、实践中的挑战以及解决方案，为老年社会工作提供有益的伦理指导。

（一）尊重原则的内涵

尊重老年人的尊严：尊重老年人个体差异的首要原则是尊重老年人的尊严。每个老年人都是独特的个体，拥有自己的经历、人生观、价值观等。尊重老年人的尊严意味着不将其简单地看作一个年龄群体的代表，而是将其作为独立的、有尊严的人来对待，尊重其个体差异。

保障老年人的自主权：尊重老年人个体差异也包括保障其自主权。老年人有权决定自己的生活方式、医疗护理、社交活动等方面的事务。尊重老年人的自主权意味着在提供服务和制定政策时，要尊重老年人的选择和意愿，不随意干预其个体决策。

平等对待老年人：平等是尊重老年人个体差异的基础。不论老年人的性别、种族、文化背景或身体状况如何，都应该受到平等对待。老年人不应该因为某种差异而受到歧视或偏见，而是应该享有平等的权利和机会。

（二）实践中的挑战

年龄主义的存在：社会中存在的年龄主义观念可能导致对老年人的刻板印象，将他们看作单一相似的群体，忽略了个体差异。这种观念可能影响老年服务的提供，使得服务过于普遍化，无法满足个体的差异需求。

医疗模式的标准化：在医疗领域，一些标准化的医疗模式可能忽视了老年人的个体特征。针对某种疾病的治疗标准可能并不适用于所有老年人，因为他们的身体状况、生活方式等存在差异。标准化的医疗模式有可能无法充分考虑到个体的差异性。

社会支持体系的不足：社会支持体系的不足也是尊重老年人个体差异面临的挑战。社会服务资源可能不够均衡，一些老年人因个体差异而无法获得应有的支持。这可能导致一些老年人在社会中被边缘化，权利得不到充分保障。

（三）解决方案与实践策略

教育与宣传：加强社会对老年人个体差异的认知，通过教育和宣传活动，打破年龄主义观念，促使社会更深刻地理解老年人是一个多元化的群体。推动社会更广泛地关注老年人的个体需求和权利。

个体化的服务规划：制定更为个体化的服务规划，将老年服务从一刀切的普遍化模式转变为更贴近老年人个体需求的服务。包括医疗、社会关怀、居住环境等多个方面，通过个体差异来制定具体的服务计划。

优化医疗体系：优化医疗体系，推动医疗服务更为贴近老年人的个体特征。建立以老年人为中心的医疗服务，考虑到老年人的生理差异、心理需求以及个体生活方式，制定更为个性化的治疗方案。

建立健全的社会支持体系：建立健全的社会支持体系，确保老年人在社会中获得足够的支持。加强社会工作、心理辅导等服务，帮助老年人应对生活中的个体困难，提高他们的生活质量。

强化法规保障：加强老年人权益的法规保障，通过立法手段明确尊重老年人个体差异的原则，并规范相关服务的提供。建立有效的监管机制，对违反法规的行为进行监督和制裁，确保老年人的权利得到切实保障。

建立老年人参与机制：为了更好地了解老年人的个体需求，建立老年人参与决策的机制。通过设立老年人代表组织、组织老年人座谈会等方式，让老年人能够直接参与对于自身权益的决策，确保其意见和需求得到充分体现。

加强专业人才培养：在老年服务领域加强专业人才的培养，培养具有跨学科知识的专业人士，能够更好地应对老年人个体差异。这包括医护人员、社工、心理医生等，他们应具备针对老年人不同需求的服务能力。

（四）伦理要求在老年社会工作中的应用

开展个体差异的评估：在老年社会工作中，进行老年人个体差异的全面评估是基础步骤。包括生理健康、心理状态、社会支持系统、文化背景等多个层面的评估，以全面了解老年人的需求和优势。

制定个体化的服务计划：基于评估的结果，制定个体化的服务计划。服务计划应该考虑到老年人的生活方式、偏好、文化背景等因素，确保服务能够更好地满足其个体需求。

进行沟通与共享决策：与老年人建立开放、尊重的沟通渠道，倾听他们的声音和需求。在制定服务计划、医疗决策等方面，强调共享决策的原则，让老年人参与到决策过程中。

提供文化敏感的服务：在提供服务时，考虑老年人的文化差异，提供文化敏感的服务。包括在食物、宗教、传统节日等方面的尊重，确保服务能够融入老年人的文化背景。

强调隐私权和知情权：尊重老年人的个体差异也包括强调其隐私权和知情权。在收集个体信息、进行医疗治疗等过程中，保障老年人的隐私权，提供充分的知情权，让其能够有权利参与相关决策。

尊重老年人个体差异是老年社会工作中的伦理要求，涉及对老年人尊严、自主权、平等权的尊重。面对老龄社会的来临，更加关注老年人的个体差异，提出并实践尊重原则，成为构建和谐、公正老年社会的关键步骤。

通过教育宣传、服务规划的个体化、法规保障的强化等手段，可以更好地应对老年人个体差异的挑战。同时，加强专业人才的培养，建立老年人参与决策的机制，也是推动尊重老年人个体差异伦理要求的有效途径。

在老年社会工作中，伦理要求不仅是一种原则，更是一种实践。通过不断努力，我们能够构建更为关爱、尊重、个体差异被充分考虑的老年社会，为老年人的晚年生活提供更好的支持和服务。

三、促进老年人自主决策与尊严的具体实践

老年人自主决策与尊严的实践是构建尊重老年人权利、提高老年人生活质量的关键环节。在老龄化社会的背景下，强调老年人的自主权和尊严对于建设更加公正、关爱的老年社会至关重要。本部分将深入探讨促进老年人自主决策与尊严的具体实践，从不同层面分析实施过程中可能面临的挑战以及解决方案，以期为老年社会工作提供有益的实践指导。

（一）促进老年人自主决策的具体实践

建立个体化的医疗服务模式：医疗服务是老年人生活中至关重要的一部分。为了促进老年人自主决策，可以建立个体化的医疗服务模式。包括与老年人充分沟通，了解他们的医疗需求和期望，制定符合个体差异的治疗方案。

开展老年人权益教育：加强对老年人权益的教育，提高他们对自主决策的认识和意愿。可以通过社区讲座、宣传册、数字媒体等多种形式进行，让老年人了解自己在医疗、社会服务等方面的权利，鼓励他们更加积极地参与决策过程。

建设老年友好型社区：创造一个老年友好型的社区环境，为老年人提供更多自主决策的机会。包括建设方便老年人出行的交通设施、提供各类社交、文娱活动、设立老年人议事机构等，让老年人在社区中能够更好地发挥自主权。

倡导共享决策模式：在医疗、社会服务等领域，推动共享决策模式的实践。医护人员、社会工作者与老年人共同参与决策，将老年人的需求、意见充分考虑，达成共识。共享决策模式强调老年人在决策中的主体地位，尊重他们的知情权和选择权。

设立老年人独立生活支持中心：为有能力独立生活的老年人设立支持中心，提供信息、咨询、培训等服务，让老年人更好地了解自身权利和选择。支持中心可以成为老年人分享经验、互帮互助的平台，增强他们的自主性。

（二）促进老年人尊严的具体实践

推动老年文化尊重：通过举办老年文化活动、庆祝老年人的生日、纪念日等形式，推动社会对老年人的文化尊重。可以是传统的庆祝方式，也可以是适应当代文化的创新活动，提升老年人的社会地位和尊严感。

提供文化多样化的社交活动：设计并提供各种文化多样化的社交活动，让老年人能够参与到他们感兴趣的社交场合。社交活动可以包括文艺表演、手工艺制作、参观旅游等，丰富老年人的生活，提升他们的尊严感。

建立老年人尊严保护机制：制定法规和政策，建立老年人尊严保护机制。对于侵犯老年人尊严的行为，进行法律制裁，加强社会监督。同时，建立老年人尊严保护委员会，对老年人尊严问题进行调查和监督，保障老年人在各方面的尊严权益。

开展心理健康服务：提供专业的心理健康服务，关注老年人心理需求。心理健康服务可以包括心理咨询、心理支持小组、认知疗法等。通过关注老年人的心理健康，促进他们更好地维护自己的尊严感。

强调老年人的社会参与：鼓励老年人参与社会活动，为他们提供展示自身价值的平台。社会参与可以是志愿者活动、社区服务、老年人俱乐部等，通过这些方式，老年人能够感受到社会对他们的关爱和尊重。

（三）实践中可能面临的挑战

社会观念转变难：一些传统社会观念中，老年人的尊严可能被较为保守的观念所影响，使得尊重老年人的尊严的理念难以深入人心。挑战在于推动社会观念的转变，使人们更加理解和接受老年人的需求，从而更好地实践尊重和保护老年人尊严的原则。

资源分配不均衡：社会资源的分配不均衡可能导致一些地区或社区无法提供足够的支持和服务，影响老年人的自主决策和尊严的保障。解决这一挑战需要政府和社会各界加大资源投入，确保老年人在各方面都能够享有平等的机会和待遇。

老年人自身能力差异大：由于老年人个体差异较大，包括身体健康、认知水平等方面的差异，一些老年人可能面临自主决策的困难。在实践中，需要量身定制的服务和支持，以满足不同老年人的个体需求，确保所有老年人都能够享有自主权和尊严。

法规执行不力：尽管存在一些法规和政策用以保障老年人的自主权和尊严，但在实际执行中可能存在问题。监管机制不健全、执法力度不足等因素可能导致法规难以有效执行。解决这一挑战需要强化法规的制定与执行，建立有效的监管体系。

（四）解决方案与实践策略

推动社会观念转变：开展大规模的宣传和教育活动，推动社会观念的转变，强调老年人的权利和尊严。通过媒体、社交平台、社区活动等方式，普及关爱老年人、尊重他们的重要性，引导社会形成尊重老年人的文化氛围。

建立老年服务网络：建立老年服务的全面网络，包括医疗、社会服务、文娱活动等方面的资源。通过整合各类服务机构，形成完善的服务网络，确保老年人可以便捷获取多方位的支持，提升他们的自主决策能力和生活尊严感。

开展培训与教育：针对老年人自主决策和维护尊严的需求，开展培训与教育。这包括提高老年人的信息获取能力、培养其自主决策的技能，以及加强社交能力等方面的培训，提升老年人全面发展的能力。

建立社会监督机制：建立老年人权益的社会监督机制，通过公众参与、社会组织、媒体等多方面的力量，对侵犯老年人权益的行为进行监督。强化社会监督的力度，促使有关方面加强对老年人自主决策和尊严问题的重视。

推动立法完善：在法律层面加强对老年人自主决策和尊严的保障。完善相关法规，明确老年人的权利和保护机制，确保老年人在医疗、社会服务等方面能够行使自主权利，维护自己的尊严。

促进老年人自主决策与尊严的具体实践是老年社会工作中的一项紧迫任务。通过建立个体化的服务模式、推动社会观念的转变、建设老年友好型社区等多方面的努力，可以更好地满足老年人个体差异的需求，提升他们的自主权利和尊严感。

面对实践中的挑战，需要政府、社会组织、专业人才等多方协同努力，建立更加健全的服务网络和监督机制。通过全社会的共同努力，可以为老年人提供更好的支持和服务，确保他们在晚年能够拥有更为自主、尊严的生活。

第三节　保护老年人的隐私与自主权

一、隐私权在老年社会工作中的重要性

随着社会的不断发展和老龄化问题的逐渐突显，老年社会工作逐渐成为社会关注的焦点。在老年社会工作中，隐私权的保护显得尤为重要。老年人作为一个群体，同样拥有自己的个人信息和隐私，其保护不仅涉及个体的尊严，更关系到老年社会工作的公正性、合法性以及服务质量。本部分将深入探讨隐私权在老年社会工作中的重要性，包括隐私权的内涵、在社会工作中的应用、隐私权保护面临的挑战以及解决方案。

（一）隐私权的内涵

个人信息的保护：隐私权是指个体对于其个人信息的合法、自主控制权。个人信息包括但不限于姓名、身份证号、家庭住址、健康状况等。老年人的个人信息涉及其身体健康、经济状况、社会关系等多个方面，因此隐私权的保护对老年人至关重要。

自主权和自由权的体现：隐私权与个体的自主权和自由权密切相关。老年人有权决定自己的个人信息是否被他人获取、使用和传播。这不仅包括医疗信息、社会服务信息，还包括日常生活中的个人选择和偏好，如居住环境、社交圈子等。

尊严权的体现：隐私权的保护是对个体尊严权的体现。老年人在享受社会服务、医疗服务等权益的同时，也应当得到他人对其个人隐私的尊重。过度的干预和侵犯隐私权可能损害老年人的尊严感，影响其生活质量。

（二）在老年社会工作中的应用

医疗服务中的隐私权保护：在老年人医疗服务中，医护人员需要严格保护老年人的医疗隐私。包括病历信息、诊断结果、治疗方案等敏感信息的保密，以及在医疗决策过程中尊重老年人的自主权。

社会服务中的隐私权保护：社会服务涉及老年人的居住环境、社交活动、经济状况等多个方面的信息。社会工作者需要在提供服务的过程中，妥善保护老年人的隐私权，确保其个人信息不被滥用或泄露。

老年人关系网的隐私权：老年人的社交关系网涉及家庭、朋友、邻里等多个层面。在社会工作中，了解和介入老年人的社交关系需要谨慎处理，避免侵犯其家庭生活和人际关系的隐私。

社区活动中的隐私权：为老年人提供社区活动服务时，需要关注他们的参与意愿和隐私权。老年人可能有不同的社交需求和活动偏好，社区活动的设计和推动需要尊重老年人的个体差异和隐私权。

（三）隐私权保护面临的挑战

信息技术的发展：随着信息技术的不断发展，老年人的个人信息更容易被获取和传播。互联网、智能设备等技术的广泛应用增加了信息泄露的风险，需要更加严格的隐私权保护措施。

医疗信息共享的复杂性：在老年人医疗服务中，信息共享对于提高医疗效率和质量有积极意义。然而，在实践中，医疗信息共享可能受到法规限制、医院政策等多方面的因素影响，保护老年人医疗隐私面临一定挑战。

社会工作干预的难度：社会工作的目标是提供帮助和服务，但在介入个体生活的过程中，可能涉及个人隐私。社会工作者需要在帮助老年人的同时，确保不侵犯其隐私权，这需要技能和经验的平衡。

法规和政策的不足：针对老年社会工作中的隐私权保护，一些国家或地区的法规和政策可能相对不足或不够明确。缺乏明确的法规框架和执行机制可能导致对老年人隐私权的保护存在漏洞，需要进一步完善相关法规。

（四）解决方案与实践策略

建立明确的法规框架：政府应当加强对老年人隐私权的法规制定和完善，确保老年社会工作有明确的法规框架可依。包括明确个人信息的收集、使用、传播的规范，以及对侵犯隐私的追责机制等。

推动信息技术与隐私保护的融合：在老年社会工作中应用信息技术时，要结合隐私保护的原则，推动技术和隐私的融合。采用加密技术、身份验证手段等方法，确保老年人个人信息在传输和存储中的安全性。

组织社会工作者的培训与制定伦理准则：社会工作者需要接受相关的培训，具备处理老年人个人信息和隐私的专业技能。制定并强调社会工作者的伦理准则，明确隐私权的保护原则和道德规范，引导社会工作者在实践中更好地平衡隐私保护和服务提供。

建立隐私权保护的社会机制：社会工作机构应建立隐私权保护的内部机制，包括完善的信息管理系统、隐私保护培训、隐私保护责任人的设置等。同时，社会工作机构也可以与其他相关机构合作，建立跨机构的隐私权保护协作机制。

加强老年人教育：针对老年人自身，加强隐私权保护的教育。通过开展培训课程、宣传活动等方式，提高老年人对隐私权的认识，使他们更加懂得保护自己的隐私。

强化社会监督：社会应当通过媒体、公众组织等手段，加强对老年社会工作的监督。通过公开透明的信息披露、监察机构的设立等方式，确保老年人的隐私得到充分尊重。

隐私权在老年社会工作中的重要性是无法忽视的，它关系到老年人的尊严、自主权和自由权。在信息时代，社会工作者和决策者需要共同努力，建立健全的法规体系、培训有素质的从业人员、加强隐私保护的技术手段，以确保老年人在社会工作中能够得到合理的隐私权保护，同时为老年社会工作的公正、合法发展提供有力支持。通过全社会的共同努力，可以构建一个更为关爱、尊重老年人权益的社会。

二、如何平衡老年人隐私与关怀的伦理挑战

老年人的隐私与关怀之间存在着微妙的平衡关系。随着老龄社会的到来，关爱老年人成为社会工作的一项重要任务。然而，在提供关怀的同时，需要谨慎处理老年人的隐私权，确保他们在得到关心的同时，不会受到个人隐私的被侵犯困扰。本部分探讨如何在老年社会工作中平衡老年人隐私与关怀的伦理挑战，包括伦理原则的应用、制定相关政策和实际操作中的具体策略。

（一）伦理原则的应用

尊重个体权利：尊重老年人的个体权利是伦理原则的基石。社会工作者在提供关怀时，应该始终尊重老年人的隐私权，不得擅自获取或泄露他人信息。这包括医疗记录、家庭状况等敏感信息，社会工作者应确保这些信息的保密性。

维护尊严和自主权：伦理原则要求社会工作者在提供关怀时要维护老年人的尊严和自主权。老年人在生活中可能面临多方面的依赖，但社会工作者要通过沟通和尊重的方式，确保老年人在决策和选择上能够保持一定的自主权。

保护敏感信息：在老年人的医疗服务中，社会工作者需要格外重视对敏感信息的保护。医疗记录中包含了个体的健康状况、病史等隐私信息，社会工作者应该确保这些信息不被滥用，同时促使医疗机构建立健全的信息保护制度。

公正对待：伦理要求社会工作者在提供关怀时要公正对待老年人。不论老年人的社会地位、经济状况如何，都应该受到平等、公正的关怀。在保护隐私权时，不应因个人背景或其他因素而歧视对待。

（二）制定相关政策

建立隐私保护法规：为了平衡老年人的隐私与关怀，社会工作领域需要建立健全的隐私保护法规。这些法规应明确老年人个体信息的收集、存储、使用和传播原则，确保在为老年人提供关怀的过程中不侵犯其隐私权。

推动伦理准则的制定：行业协会和机构可以制定专门的伦理准则，明确社会工作者在提供关怀时应遵循的原则和规范。这有助于规范社会工作者的行为，保证其在关怀老年人的同时尊重其隐私权。

建设隐私保护机制：医疗机构和社会服务机构应建设隐私保护的内部机制。这包括建立信息管理系统、设定权限访问、定期进行隐私培训等，确保老年人的个人信息在服务提供中得到妥善保护。

（三）实际操作中的具体策略

明确信息收集范围：社会工作者在提供关怀服务前，应明确所需收集的信息范围，只收集与提供服务直接相关的信息，避免过度收集或收集无关的信息。

征得知情同意：在收集敏感信息前，社会工作者应当征得老年人的知情同意。向老年人解释信息的用途、使用范围以及可能的风险，征得老年人的理解并自愿同意信息的收集和使用。

建立信息安全管理系统：医疗机构和社会服务机构应建立健全的信息安全管理系统，包括数据的加密、权限的设定、定期的安全审计等，以确保老年人的个人信息得到安全保护。

开展隐私保护培训：社会工作者需要接受隐私保护方面的专业培训，了解相关法规和伦理准则，提高隐私保护意识。培训还可以帮助社会工作者更好地处理隐私与关怀之间的伦理挑战。

建立投诉和监督机制：建立老年人投诉和监督机制，使老年人有途径表达对于关怀服务中隐私权问题的不满。监察机制包括独立的监察机构、举报渠道和定期的评估审查等，以确保关怀服务机构严格遵守隐私权保护的规定。

促进老年人教育：在关怀服务中，通过教育老年人了解隐私权的重要性，让他们明白隐私保护与关怀并非矛盾，而是相辅相成的关系。通过宣传和培训，增强老年人的隐私保护意识，使其能够更加主动地参与关怀服务的决策过程。

实施差异化服务：老年人在个体方面存在很大差异，包括健康状况、家庭背景、文化背景等。在提供关怀服务时，需要根据老年人的个体差异实施差异化服务，量身定制关怀方案，以满足他们的个性化需求，同时尽量避免对隐私权的侵犯。

采用匿名化数据：在进行研究或收集统计信息时，可以采用匿名化的方法，以确保老年人的个人身份得到保护。匿名化数据可以在维持关怀服务的质量的同时，减少对老年人个人隐私的风险。

（四）面临的伦理挑战与解决途径

权衡隐私与关怀的矛盾：伦理挑战在于如何平衡提供关怀所需的信息收集和老年人隐私的保护。解决途径是建立明确的界限，明确哪些信息是为了提供关怀服务必要的，确保不会过度收集和使用个人信息。

信息安全的挑战：随着信息技术的普及，信息安全成为一个重要的伦理挑战。解决途径是通过采用先进的技术手段，建立完善的信息安全体系，包括数据加密、权限管理等，以确保老年人的个人信息得到充分的保护。

老年人知情同意的难题：在老年社会工作中，老年人可能因认知能力下降等原因难以理解和表达自己的意愿。解决途径是建立适应老年人能力水平的知情同意程序，通过简化语言、辅助工具等方式，确保老年人在知情同意过程中的参与度和理解度。

差异化服务的难度：实施差异化服务需要更多的个性化工作和资源，但在资源有限的情况下，这可能变得困难。解决途径是通过合理的资源配置，利用社会资源和志愿者力量，为老年人提供更贴近其个人需求的个性化服务。

社会工作者的伦理素养：社会工作者需要具备高水平的伦理素养，能够在关怀服务中妥善处理隐私与关怀之间的矛盾。解决途径是通过系统的培训和定期的伦理审查，提高社会工作者的伦理水平，使其更好地应对伦理挑战。

在老年社会工作中平衡老年人的隐私与关怀是一项复杂而重要的任务。通过应用伦理原则、制定相关政策以及实际操作中的具体策略，可以有效地处理隐私与关怀之间的伦理挑战，其关键在于确保老年人在得到关怀的同时，他们的隐私得到尊重和保护。在未来的老龄社会中，这一平衡将变得更为重要，需要不断深化伦理理念和规范，以适应不断变化的社会需求和老年人的多样化需求。

三、制定老年人信息保护的伦理标准与措施

随着社会的老龄化加深，老年人的信息保护问题日益引起人们的关注。老年人作为信息社会中的一部分，其个人信息涉及健康、社会服务、经济状况等方面，需要得

到特别的保护。本部分将探讨制定老年人信息保护的伦理标准与措施，建立一个公正、透明、合法、安全的老年信息管理体系。

（一）老年人信息保护的伦理标准

尊重个体隐私权：制定伦理标准的首要原则是尊重老年人的个体隐私权。这包括但不限于个人身份信息、健康状况、财务信息等。伦理标准应明确老年人信息的收集、使用和传播必须遵循个体隐私权的原则，确保老年人的信息不被滥用。

确保知情同意：伦理标准要求在信息收集的过程中，老年人应当被充分告知信息的用途、范围、收集方式以及可能存在的风险。老年人有权决定是否同意其信息被收集和使用，确保知情同意成为信息处理的基础。

建立安全可靠的信息管理系统：伦理标准应要求建立安全可靠的信息管理系统，包括数据加密、权限控制、防火墙等技术手段，以确保老年人的个人信息在传输和存储中得到有效的保护。

保持信息的准确性：伦理标准需要确保老年人的信息在处理中保持准确性。及时更新、纠正错误信息，防止因信息不准确而导致的不良后果，维护老年人的合法权益。

不遵循歧视原则：伦理标准明确禁止在信息处理中对老年人进行歧视。无论是在医疗服务、社会服务还是经济交易中，都不应该因年龄而进行不平等对待，保障老年人的平等权益。

加强信息透明度：伦理标准要求信息处理机构提高信息透明度，向老年人清晰地说明信息的处理方式、用途和可能的风险。老年人有权了解并监督其个人信息的使用情况。

建立投诉和监督机制：伦理标准应鼓励建立老年人信息保护的投诉和监督机制。老年人有权通过投诉渠道表达对信息处理不满，监督机制能够对信息处理机构进行监察，确保伦理标准的执行。

（二）老年人信息保护的具体措施

建立健全的法规框架：制定老年人信息保护的法规是确保信息安全的基础。法规应明确信息的收集、使用、传播的条件和限制，规范信息处理机构的行为，对违规行为进行惩罚和追责。

推动伦理准则的制定：行业协会和机构应该制定相关的伦理准则，明确社会工作者、医护人员、经济机构等在老年人信息处理中应遵循的道德规范。伦理准则可以成为从业人员行为的规范，保证老年人信息处理的公正和透明。

加强信息安全技术保障：信息处理机构应采用先进的信息安全技术，包括但不限于数据加密、安全传输通道、防火墙等。确保老年人的信息在处理中不受到非法访问和攻击。

开展信息保护培训：社会工作者、医护人员等直接接触老年人信息的从业人员应接受信息保护培训。培训内容包括法规法律、伦理准则、信息安全技术等，旨在提高从业人员的信息保护意识和能力。

设立信息保护专责机构：组织和机构应设立专门的信息保护专责机构，负责监督信息的收集和处理，确保信息的合法、合规和安全。专责机构应独立运作，免受其他利益干扰。

引入第三方评估机构：为了确保信息处理机构的合规性，可以引入第三方评估机构进行定期评估。评估机构可以对信息处理机构的技术、流程、政策等进行全面审查，提供独立的监督和评估。

制定信息使用和共享原则：制定明确的信息使用和共享原则，确保老年人信息只在合法和必要的情况下被使用和共享。避免信息被滥用，保障老年人的隐私权。

建设老年人信息管理平台：建设老年人信息管理平台，集中管理老年人的信息，实现信息的共享和协同。在平台上，可以设立个人信息访问权限，老年人可以更加便捷地掌握自己的信息，同时使信息的流转更加受控。

推动信息化技术研发：积极推动信息化技术的研发，以提高老年人信息保护的效率和水平。例如，使用区块链技术来确保信息的不可篡改性和透明性，以及人工智能技术来实现信息的自动加密和风险预测。

开展信息保护宣传教育活动：针对老年人、家属和从业人员，开展信息保护宣传教育活动。通过社区讲座、宣传册、媒体报道等形式，向社会传递信息保护的重要性，提高老年人和相关从业人员的信息保护意识。

建立信息泄露应急预案：信息处理机构应建立信息泄露应急预案，以便在信息泄露事件发生时能够迅速、有序地应对。预案中应包括危机公关、事后追责等方面的规定，以最小化信息泄露对老年人的影响。

定期审查和更新制度：制定老年人信息保护的伦理标准和措施是一个动态过程。相关机构需要定期审查现有制度的适用性，及时更新和完善相关标准和措施，以适应社会、科技和法律的不断变化。

（三）伦理标准与措施的融合

为了实现老年人信息保护伦理标准与措施的有机融合，需要以下几个方面的努力。

立法与自律相结合：法律法规是老年人信息保护的重要保障，但单纯的法规可能无法及时应对信息处理中产生的新问题。因此，需要在法规的基础上建立自律机制，使信息处理机构在法规外也能遵循一定的伦理标准。

技术手段与伦理原则结合：技术手段在老年人信息保护中起着关键作用，但技术应当在伦理原则的指导下使用。信息处理机构在采用各种技术手段时，需要确保其符合尊重隐私、保护个体权益的伦理标准。

培训与教育并重：从业人员和老年人本身的信息保护意识培养同样重要。通过系统的培训，让从业人员深入理解伦理标准，提升信息保护技能；同时，通过宣传教育，让老年人了解自己的权益并采取保护措施。

公共参与与社区治理：伦理标准的制定和措施的执行需要广泛的社会参与。通过社区层面的治理机制，促使老年人、从业人员和社区居民共同参与信息保护，形成共识，推动伦理标准的贯彻执行。

（四）面临的挑战与应对策略

技术发展的快速性：技术的快速发展可能导致伦理标准的滞后。应对策略是建立信息伦理评估机制，定期审查新技术对老年人信息保护的影响，及时调整伦理标准。

信息共享的复杂性：在老年人服务中，信息的共享是必要的，但也容易引发隐私问题。应对策略是建立清晰的信息共享原则，保证共享的信息符合伦理标准，且仅限于必要的范围。

信息泄露的风险：信息泄露可能导致老年人的财产、健康等方面的风险。应对策略是建立健全的信息安全体系，制定信息泄露应急预案，以最小化信息泄露带来的不良后果。

老年人信息素养的差异：老年人的信息素养水平差异较大，一些老年人可能难以理解信息保护的重要性。应对策略是通过宣传教育、培训等方式提升老年人的信息保护意识和能力。

老年人信息保护是一个涉及法律、技术、伦理等多个领域的复杂问题。通过制定老年人信息保护的伦理标准与措施，能够在尊重隐私、确保信息安全的基础上，实现老年人信息的合理利用和共享。在未来，需要不断加强各方面的合作，综合运用法律手段、技术手段和伦理原则，全面推进老年人信息保护工作，为老年人提供更为安全、便利、尊重隐私的社会服务。

第三章 老年社会工作的理论基础

第一节 生态系统理论与老年社会工作

一、生态系统理论在老年人生活中的解释

生态系统理论是由生态学家尤里·布朗费伯提出的,他认为个体发展是一个处于多层次环境系统中的动态过程。这一理论被广泛应用于人类发展领域,也能为理解老年人的生活提供了深刻而全面的视角。老年人作为社会的一部分,其生活被多层次的环境因素所影响,包括个体内部、家庭、社区、社会等层面。本部分将探讨生态系统理论在老年人生活中的解释,强调了解老年人生态系统的互动关系对提升他们的生活质量和幸福感的重要性。

(一)生态系统理论的基本概念

生态系统理论认为,个体的发展是由其所处的多层次环境系统共同塑造的,这些系统包括:

微系统:个体直接参与的、直接影响个体的环境。对老年人而言,微系统可以是家庭、朋友圈、邻里社区等。这些微系统的质量直接关系到老年人的生活质量和社交关系。

介质系统:不同微系统之间的相互关系。例如,家庭和社区之间的互动如何影响老年人的生活,以及这两个系统中的信息、资源如何传递与共享。

外系统:虽然不直接包含个体,但对其产生影响的系统。典型的例子包括社会服务机构、政府政策等,它们的运作和决策会直接或间接地影响到老年人的福祉。

宏系统:影响整个社会的文化、信仰、价值观等因素。宏系统的变化会对老年人的生活方式、社交习惯等产生深远的影响。

超系统:时间因素,它包括个体在生命周期中所处的历史时期。老年人的生活经验会随着时间的推移而发生变化,这也是生态系统理论考虑的一个维度。

（二）老年人生态系统的解释

1. 微系统：家庭与社区

家庭：家庭作为老年人最密切的微系统，对其生活产生直接而深远的影响。家庭的支持、关爱、沟通方式等因素将影响老年人的身心健康和生活满意度。在家庭中，老年人可能承担照顾责任，同时也能从家庭成员中获得情感支持。

社区：社区是老年人生活的延伸，社区资源、社交活动等对老年人的生活质量至关重要。社区的友好度、设施的完善性、邻里关系等因素会影响老年人是否能够融入社区，感受到归属感。

2. 介质系统：家庭与社区的互动

社区服务：社区服务机构与老年人家庭形成的互动是介质系统的表现。社区服务的便利性、质量将影响老年人获取信息、医疗服务、社交活动等方面的体验。介质系统的协调与互动将直接影响到老年人的资源获取和生活便利性。

3. 外系统：社会服务与政策

社会服务机构：包括老年人护理机构、医疗服务机构等，这些机构的运作和服务质量直接关系到老年人的健康状况和生活满意度。合理的社会服务体系可以为老年人提供专业的医疗护理、心理支持等服务，满足其多方面的需求。

政府政策：各级政府的养老政策和福利制度是影响老年人生活的外系统的重要组成部分。政府政策是否健全、能否得生活提供充足的福利支持，将直接影响到老年人的养老安排、医疗费用负担等方面。

4. 宏系统：文化与价值观

文化因素：不同文化对老年人的看法和对待方式存在差异。一些文化强调尊重老年人的智慧和经验，而另一些文化可能更加注重年轻人的活力。文化背景会影响老年人对生活的期望和对待老年的态度。

价值观：社会的整体价值观对老年人的社会地位和社交环境产生深刻影响。强调社会责任、尊重长者的价值观可能创造出更为友好和包容的环境，而强调个体独立、追求年轻与时尚的价值观则可能导致老年人的社交隔离。

5. 超系统：时代变迁与历史时期

科技发展：不同时代的科技水平将直接影响老年人的生活方式。随着科技的发展，老年人有更多机会享受数字化服务，如在线医疗、社交媒体等，同时也需要适应科技的变革。

社会进步：社会的进步与演变对老年人的生活有深刻影响。例如，社会观念的变化、人口结构的调整等，都会影响到老年人在社会中的地位和生活条件等。

（三）生态系统理论的实际应用

基于生态系统理论的社会工作：社会工作者可以通过生态系统理论的视角，全面了解老年人的生活环境，有针对性地制定个性化的社会工作计划。例如，针对老年人的微系统，提供家庭关系辅导、社交支持；在介质系统中，协调社区资源，提供更多的社会服务；在外系统中，积极参与政策倡导，争取更多的社会支持。

老年人服务的整合与协同：基于介质系统的理念，可以促进老年人服务资源的整合和协同。社区服务机构、医疗机构、社会工作者等可以通过合作，形成更加紧密的网络，提供一体化的服务，为老年人创造更好的生活环境。

促进文化包容和价值观教育：在宏系统和文化层面，可以通过教育活动、社区活动等方式促进文化包容，宣传尊重老年人的价值观。推动社会对老年人的正面认知，促进全社会对老年人的尊重和理解。

借助科技推动老年人融入数字社会：针对超系统的时代变迁，社会可以通过推动老年人数字化素养的提升，让他们更好地融入数字社会。例如，开展线上培训、设立数字服务中心等，让老年人能够更好地享受科技带来的便利。

（四）面临的挑战与未来展望

社会资源不均衡：不同地区、社区的社会资源分布不均衡，一些老年人可能面临服务不足的问题。未来需要通过政策调控和社会倡导，促进社会资源的分配更加均衡。

文化差异与老年人服务：不同文化对老年人的看法存在差异，如何在服务中兼顾不同文化背景的老年人需求是一个挑战。未来需要进一步推动跨文化交流，提高社会对多元文化的理解与尊重。

科技应用普及难题：老年人中存在科技应用的普及程度不同，一些老年人可能因为数字鸿沟而感到被边缘化。未来社会需要加强老年人的数字化培训，提高其科技应用能力，确保他们能够更主动地参与社会活动。

社会观念的调整：一些社会观念仍然存在对老年人的刻板印象，例如将老年人视为"负担"等。未来的工作需要加强社会观念的调整和教育，树立尊重老年人、理解老年人需求的理念，推动形成更加积极的社会氛围。

政策体系的完善：在外系统中，政府的政策体系需要不断完善，以更好地满足老年人的多样化需求。针对老年人的医疗保障、社会福利、长期护理等政策需要更为全面和精准。

生态系统理论为理解老年人的生活提供了多层次的、全面的分析框架。老年人作为生态系统中的个体，其生活受到微系统、介质系统、外系统、宏系统和超系统的多方面影响。理解这些层面的互动关系，有助于社会工作者、政策制定者和社会各界更好地关注老年人的需求，制定更为贴近实际的服务和政策，创造更加宜居、关爱的社会环境。

未来，需要加强对老年人的全方位服务，包括社会、经济、文化等多个维度。同时，社会需要重视老年人的社会参与，让他们在社会中发挥更大的作用。政府、社区、家庭等各个层面需要共同努力，推动老年人服务的综合性发展，为他们提供更为丰富、有尊严的晚年生活。通过生态系统理论的应用，可以更好地实现老年人的全面关爱，使他们在社会生活中保持积极、健康、有尊严的状态。

二、老年社会工作中基于生态系统理论的干预策略

老年社会工作旨在提升老年人的生活质量、满足其多样化的需求，并促进其在社会中的积极参与。生态系统理论为老年社会工作提供了一种多层次、综合性的分析框架，强调个体与环境之间的相互影响。本部分将探讨基于生态系统理论的老年社会工作干预策略，以更好地满足老年人的需求，促进其生活的全面发展。

（一）微系统层面的干预策略

家庭支持和介入：在微系统层面，社会工作者可以通过提供家庭支持和介入，增强老年人在家庭中的生活质量。这包括家庭成员间的沟通培训、解决家庭内部矛盾、提供关爱和陪伴等方面。通过建设健康的家庭微系统，可以提高老年人的心理健康水平和社会支持系统。

邻里网络建设：社会工作者可以通过促进邻里关系的建设，扩大老年人的邻里社交网络。组织邻里社区活动、促进邻里互助，增加老年人的社交机会，提高邻里之间的信任和支持。

（二）介质系统层面的干预策略

社区资源整合：在介质系统层面，社会工作者可以积极协调社区资源，建立老年服务中心、社区卫生站等设施，为老年人提供更全面的服务。通过整合医疗、社交、文化等资源，提升老年人在社区中的生活质量。

社区参与与倡导：通过组织老年人参与社区决策、社会活动、志愿服务等方式，增加老年人在社区中的参与感。社会工作者可以作为老年人的代言人，倡导社区对老年人需求的关注和支持。

（三）外系统层面的干预策略

政策倡导与改革：社会工作者可以参与老年政策的倡导和改革，争取更多的政策支持和资源投入。通过提出建议、撰写政策建议书，推动政府制定更为贴近老年人实际需求的政策。

社会服务机构协作:与社会服务机构的协作是外系统层面的关键。社会工作者可以促进医疗机构、社会福利机构、养老院等服务机构的协同合作,形成一个完备的老年服务网络。

(四)宏系统层面的干预策略

文化教育与宣传:通过文化教育和宣传活动,社会工作者可以改变社会对老年人的刻板印象,倡导社会对这一群体的尊重和理解。促进社会文化对老年人的积极认知,建立尊重老年人的价值观。

公共参与与社区建设:社会工作者可以参与社区建设,提高老年人的社会参与度。通过支持老年人参与各类社区活动、培养他们的技能和兴趣,增强老年人在社会中的活力和地位。

(五)超系统层面的干预策略

时代变迁适应:在超系统层面,社会工作者需要关注时代变迁对老年人生活的影响。鼓励老年人适应接受科技发展,并为其提供数字化培训,让他们更好地融入数字社会。

社会进步与政策制度:社会工作者可以通过参与社会进步的倡导活动,推动政策制度的不断完善。关注社会的变革,争取老年人在社会发展中能够获得更多的机会和权益。

(六)面临的挑战与应对策略

资源不足:面临社会资源不足的挑战,社会工作者可以通过与社区、政府、企业等各方合作,争取更多的资源支持。同时,提倡志愿服务和社会参与,动员更多的社区力量参与老年人服务,共同应对资源有限的问题。

跨系统协同难题:跨系统协同可能受到各方利益、机构间合作难度等因素的制约。社会工作者可以通过促进信息共享、建立合作机制、制定跨系统协同的标准和流程,促使各系统更好地协同工作。

文化多样性挑战:不同文化对老年人的看法和需求存在差异,这可能导致在文化多样性的背景下难以制定一刀切的干预策略。社会工作者应该接受跨文化培训,提高对不同文化背景老年人的理解,制定更具文化敏感性的干预策略。

数字鸿沟问题:部分老年人可能因为数字鸿沟而无法充分享受数字社会带来的便利。社会工作者可以推动设立数字培训中心,提供老年人友好型的数字服务,帮助他们更好地适应数字化社会。

社会观念的深层次调整:社会对老年人的观念和刻板印象需要深层次的调整,这是一个长期而复杂的过程。社会工作者可以通过举办宣传活动、开展教育计划等方式,逐步引导社会对老年人的正面认知。

（七）未来展望

跨学科合作：未来，老年社会工作需要进一步加强跨学科合作，结合医学、社会学、心理学等多个领域的专业知识，共同研究老年人的需求和干预策略。这有助于提供更全面、综合的服务。

技术创新：随着科技的发展，未来老年社会工作可以更加积极地运用科技手段，如智能健康监测、远程医疗、虚拟社交等，为老年人提供更为便捷和高效的服务。

社区治理：强调社区治理，通过建立健康、友好的社区环境，提升社区层面的社会支持系统，使老年人更好地融入社区生活，享受社区资源。

普及老年人教育：未来，社会工作者可以推动老年人教育的普及，提高老年人的终身学习能力，使其更好地适应社会发展的变化，拓展生活体验。

倡导社会友善环境：社会工作者可以通过倡导社会友善环境，促进社会对老年人的尊重和关爱。这需要从家庭、社区、机构、政府等多个层面推动，在全社会共识。

通过以上策略的综合应用，基于生态系统理论的老年社会工作可以更加全面、深入地满足老年人的需求，提高其生活质量，推动社会对老年人的全方位关注和支持。未来的老年社会工作需要不断创新，紧密关注社会变革，适应老年人群体的多样性需求，共同建设一个更加友善、关爱的社会环境。

三、生态适应性与老年人社会支持系统的发展

老年人社会支持系统的发展是一个与时代和社会变革紧密相连的复杂过程。生态适应性理论提出了个体与环境之间相互适应的观点，为理解老年人社会支持系统的发展提供了新的视角。本书将从生态适应性的角度探讨老年人社会支持系统的发展，旨在深入理解老年人在不同生态环境下的适应策略以及社会支持系统如何更好地满足其需求。

（一）生态适应性理论概述

生态适应性的基本概念：生态适应性理论强调个体与环境之间的动态互动，认为个体在适应过程中通过调整自身和环境的关系来实现生存和发展。适应性的程度取决于个体与环境的互动是否协调，以及个体是否能够灵活、有效地调整自身行为和策略。

生态适应性在老年人研究中的应用：在老年人研究中，生态适应性理论被用来解释老年人在不同社会环境下的适应策略。包括老年人对健康问题的适应、社会角色的调整、对退休和社交关系的适应等方面。

（二）老年人社会支持系统的概念

社会支持系统的组成：老年人社会支持系统是由家庭、朋友、邻里、社区组成的，是老年人在日常生活中获取支持、资源和关爱的重要来源。社会支持系统对老年人的心理健康、生活满意度和生活质量有着显著影响。

社会支持的功能：社会支持系统具有情感支持、信息支持、仪式支持和实质性支持等多种功能。通过社会支持，老年人能够更好地应对生活中的压力和挑战，提升其适应社会环境的能力。

（三）生态适应性与老年人社会支持系统的互动

适应性策略与社会支持：生态适应性理论认为个体通过调整与环境的关系来实现适应，这同样适用于老年人社会支持系统。老年人可能采取积极主动的策略，如主动寻求社会支持、调整社交网络，或者采取更为消极的策略，如社交回避、自我隔离。社会支持系统在这一过程中充当着关键的角色，为老年人提供所需的支持和资源。

社会环境的变迁与适应：社会环境的变迁对老年人的生活产生深远影响，包括家庭结构的变化、社区资源的不断更新等。老年人需要通过调整社会支持系统，适应这些变化。例如，社会工作者可以促进老年人参与社区活动，以弥补家庭结构的变化所带来的支持减少。

社会支持系统的优化：基于生态适应性的理念，社会支持系统应该具有灵活性和适应性，能够随着老年人个体需求和社会环境的变化而调整。社会工作者可以通过建立社区支持网络、加强社会组织服务等方式，优化老年人的社会支持系统，提高其应对不同生活阶段的适应水平。

（四）促进老年人社会支持系统的发展策略

强化社会工作者的角色：社会工作者作为连接老年人与社会支持系统的桥梁，应该发挥更为积极的作用。通过提供信息、培训、咨询等服务，帮助老年人更好地理解和利用社会支持系统。

推动社区支持资源的整合：社会工作者可以倡导社区支持资源的整合，建立多层次、多领域的支持网络。通过与社区组织、公益机构、医疗服务机构等协同合作，构建更为完善的社会支持系统。

提高老年人社交技能：鼓励老年人参与社交活动，提高他们的社交技能和网络。社会工作者可以组织社交培训、社交活动，帮助老年人拓展社交圈子，增加社会支持系统的丰富度。

开展社会支持教育：通过社会支持教育，向老年人普及社会支持的概念、功能和获取途径。通过提高老年人对社会支持系统的认知水平，激发他们主动寻求支持的积极性。

建立跨代沟通平台：促进老年人与年轻一代的互动，建立跨代沟通平台。可以通过社会工作者组织跨代交流活动、培训年轻志愿者来支持老年人，增强社会支持系统的跨代融合。

（五）面临的挑战与应对策略

社会变革对支持系统的冲击：社会变革带来的家庭结构调整、社会关系变迁等对老年人社会支持系统产生挑战。社会工作者需要及时了解社会变革的影响，通过提供心理咨询、社交技能培训等方式，帮助老年人更快地适应变化。

数字化差距：随着社会的数字化进程，一些老年人可能因为数字化差距而难以享受到在线社会支持。社会工作者可以推动设立数字学习中心，提供数字化培训，帮助老年人利用在线资源。

社会观念的改变：一些社会观念仍然存在对老年人的刻板印象，这可能影响老年人主动寻求社会支持的意愿。社会工作者可以通过举办宣传活动、倡导尊重老年人的文化，改变社会对老年人的认知。

资源不均衡：不同地区、社区的社会支持资源分布不均，一些老年人可能面临支持不足的问题。社会工作者可以通过政策倡导、资源整合等方式，争取更多的支持资源，并确保资源分配更加均衡。

（六）未来展望

强调多元性和包容性：未来的老年人社会支持系统发展应更加强调多元性和包容性。社会工作者可以促进不同社会群体之间的融合，建立更加包容、多元的社会支持网络，以满足老年人不同背景和需求的差异性。

整合科技创新：利用科技创新为老年人社会支持系统提供更多可能性。社会工作者可以积极探索人工智能、智能健康监测等技术在社会支持领域的应用，提高支持系统的效率和便捷性。

推动社会制度变革：社会工作者需要积极参与社会制度的变革，推动政府制定更为人性化、老年友好的政策。倡导社会广泛关注老年人，使老年人社会支持系统能够在更为完善的制度环境中发展。

跨领域合作：未来老年人社会支持系统的发展需要更多跨领域的合作。社会工作者与医疗、心理健康、教育等领域的专业人士可以加强合作，为老年人提供更全面、综合的支持服务。

社会工作者专业化提升：社会工作者在老年人社会支持系统的发展中发挥着关键作用，未来需要更多社会工作者参与老年人服务工作，并不断提升专业化水平。通过培训、学术研究等手段，提高社会工作者在老年人支持中的专业水平。

通过综合应用生态适应性理论和社会支持系统的概念，未来老年人社会支持系统的发展将更加符合老年人个体差异和社会变革的需求。社会工作者将在这一过程中扮演着重要的角色，引导老年人更好地适应社会环境，搭建更为完备的社会支持体系，为老年人的晚年生活提供更全面的保障。

第二节　社会支持理论在老年社会工作中的应用

一、社会支持对老年人心理健康的影响

老年人的心理健康在整个社会中占有重要地位，而社会支持作为一种重要的社会资源，对老年人的心理健康具有深远的影响。本部分将深入探讨社会支持对老年人心理健康的影响，从情感支持、信息支持、实质性支持等多维度进行剖析，揭示社会支持如何在老年人群体中发挥积极作用，促进心理健康的提升。

（一）社会支持的概念与维度

社会支持的定义：社会支持是指个体在社会关系中获得的各种资源和帮助，包括情感上的支持、信息上的支持、实质性的帮助等。社会支持的来源广泛，可以来自家庭、朋友、邻里、社区、组织等多个层面。

社会支持的维度：

①情感支持：包括关心、理解、陪伴等情感上的支持，能够提供安慰和情感缓解。

②信息支持：涵盖信息的传递、建议的提供等方面，有助于个体更好地理解和应对问题。

③实质性支持：包括物质帮助、实际行动上的支持，能够满足个体的实际需求。

（二）社会支持对老年人心理健康的积极影响

降低孤独感和抑郁：社会支持通过提供情感上的陪伴和理解，减轻了老年人的孤独感和抑郁情绪。有亲密关系和社交网络的老年人更容易建立积极的情感状态。

增强心理韧性：社会支持能够培养老年人的心理韧性，使其更好地应对生活中的压力和挑战。通过面对困境时得到的情感和实质性支持，老年人更具有应对逆境的能力。

提升自尊和自信：社会支持有助于老年人建立积极的自我认知，增强自尊心和自信心。得到他人的关心和支持，老年人更容易发现自身的价值和能力，从而更积极地面对生活。

改善生活质量：通过提供实质性支持，社会支持可以改善老年人的生活质量。例如，社区组织的各类服务、邻里之间的互助等形式，能够使老年人的生活更为便利和愉悦。

（三）社会支持对老年人心理健康的负面影响

过度依赖和剥夺感：长期过度依赖社会支持，有可能使老年人失去自主性和独立性，产生一种剥夺感。过度依赖他人支持可能削弱老年人的自我调节和解决问题的能力。

社会支持不足导致焦虑：如果老年人缺乏社会支持，特别是在面临重大生活事件或困境时，或将引发焦虑情绪。社会支持不足可能使老年人感到孤立和无助。

社会关系冲突的负面影响：社会支持并非总是积极的，有时社会关系中的冲突和负面经历反而可能对老年人的心理健康产生负面影响。例如，亲子关系紧张、朋友冲突等都可能对老年人产生不良影响。

（四）社会支持的影响因素

关系的亲密程度：亲密的社会关系更容易提供有效的社会支持。例如，亲子关系、婚姻关系等对老年人的心理健康影响更为显著。

社会网络的广度：社会支持的效果与老年人的社会网络广度有关。拥有更广泛的社交网络，能够提供更多元化和全面的支持。

支持的质量：社会支持的效果与支持的质量密切相关。真诚、有温度的支持更容易产生积极影响，而表面的支持可能效果较差。

文化和社会背景：不同文化和社会背景下，对社会支持的需求和期望可能有所不同。社会工作者在提供支持时需要考虑老年人的文化差异，制定更为个性化的支持方案。

（五）社会工作者在促进老年人社会支持的角色

评估社会支持需求：社会工作者可以通过专业的评估工具，了解老年人的社会支持需求。包括了解他们的社交网络、亲密关系的情况，以及面临的潜在问题和挑战。通过细致入微的评估，社会工作者能够更全面地掌握老年人的社会支持状况。

制定个性化的社会支持计划：基于评估结果，社会工作者可以制定个性化的社会支持计划。包括建议老年人加强与家庭、朋友的联系，介绍社区资源和服务，以及提供实质性支持的建议。

组织社交活动和支持小组：社会工作者可以组织各种社交活动和支持小组，为老年人提供一个互相交流和支持的平台。这有助于扩大老年人的社交网络，增强社会支持的质量和广度。

提供心理辅导和支持：在面对生活变故、家庭关系问题等困扰时，社会工作者可以提供心理辅导和支持。通过倾听、理解和提供建议，社会工作者有助于缓解老年人的心理压力，促进心理健康的恢复。

促进社会参与和义工活动：社会工作者可以鼓励老年人参与社区活动和义工服务。积极参与社会活动不仅能够扩大社交圈子，还有助于提升老年人的自我认同和社会地位。

建立社会支持网络：社会工作者在工作中可以协调和建立社会支持网络，包括与社区组织、志愿者团体、教育机构等的合作。通过建立多层次、多方位的支持网络，提升老年人的整体社会支持水平。

（六）未来展望

整合科技手段：未来社会工作者可以更多地整合科技手段，通过在线社交平台、远程心理辅导等方式为老年人提供社会支持。这有助于弥补地理距离和行动不便等造成的问题，使社会支持更为普及和便捷。

推动社会观念的变革：未来社会工作者需要积极推动社会观念的变革，消除对老年人的刻板印象和歧视。通过宣传教育、举办活动等方式，提升社会对老年人需求和权益的认知。

跨领域合作：社会工作者应与医疗、心理健康、教育等领域的专业人士加强合作，形成更为综合的支持体系。跨领域的合作有助于提供更全面、专业的社会支持服务。

关注特殊群体需求：未来社会工作者需要更加关注特殊群体，如患有慢性疾病、失智症患者等老年人群体的社会支持需求。提供针对性的支持服务，更好地满足其特殊的心理健康需求。

倡导社会友善环境：社会工作者可以通过倡导社会友善环境，推动社会各界对老年人的关注和支持。创造一个尊重、包容、支持老年人的社会氛围，有助于提升老年人的心理健康水平。

综上所述，社会支持对老年人心理健康的影响是多方面的，既有积极的作用也可能存在一些负面影响。社会工作者在未来的工作中需要更加注重个体差异，提供个性化的支持服务，并积极应对社会变革和科技发展带来的挑战，以促进老年人心理健康的全面提升。

二、老年社会工作中建立社会支持系统的方法

老年社会工作旨在提升老年人的生活质量、促进其心理健康和社会参与。在这一过程中，建立健全的社会支持系统显得尤为重要。社会支持系统不仅能够提供老年人所需的情感、信息和实质性支持，还有助于缓解孤独感、促进社交互动。本部分将探

讨在老年社会工作中建立社会支持系统的方法，从家庭、社区、组织等多个层面提供具体策略，旨在为老年人提供更全面、多元的社会支持。

（一）家庭层面的社会支持建设

家庭教育与意识提升：社会工作者可以通过开展家庭教育活动，提高家庭成员对老年人社会支持的意识和理解。培养家庭成员的关爱意识，鼓励亲子、亲孙一代之间的沟通，形成积极的家庭支持氛围。

家庭支持计划的制定：针对需要社会支持的老年人，社会工作者可以与家庭共同制定支持计划。包括明确家庭成员的角色和责任，制定照顾计划，确保老年人在家庭中得到全方位的关怀。

跨代交流与活动组织：社会工作者可以促进不同年龄层次之间的交流，组织跨代互动的活动。通过让年轻一代了解老年人的需求和期望，促进家庭内部的理解与支持。

家庭成员技能培训：针对需要照顾老年人的家庭成员，社会工作者可以组织培训课程，提升他们的照护技能。包括医疗护理、心理支持等方面，以提高社会支持的质量。

（二）社区层面的社会支持建设

社区资源整合：社会工作者应促进社区内的资源整合，包括卫生服务、文化娱乐、运动设施等多方面。通过整合社区资源，为老年人提供更为便捷和全面的支持。

社区志愿者服务：招募并培训社区志愿者，建立老年人志愿服务团队。志愿者可以提供陪伴、购物、照料等服务，为老年人创造更多社交机会，减轻其生活负担。

建立老年人社交平台：在社区内设立老年人社交中心，定期组织各类活动，如康体健身、手工艺品制作、文艺演出等。这有助于老年人建立社交网络，增加社会支持的来源。

社区安全网建设：社会工作者可以带领社区居民建立一个"邻里安全网"，通过邻里之间的相互照顾，建立一个互帮互助的小区社会支持系统。

（三）组织层面的社会支持建设

建立老年服务机构：社会工作者可以倡导建立专门的老年服务机构，提供全方位的服务，包括医疗护理、心理咨询、康复训练等。这样的机构可以成为老年人全面社会支持的场所。

员工培训与教育：针对从事老年服务的机构员工，进行相关的社会支持培训和教育。培训内容可以包括老年心理学、社会工作技能、沟通技巧等，以提升服务质量。

制定社会支持政策：社会工作者可以积极参与制定相关社会支持政策，争取更多的社会资源为老年人服务。推动政府和企事业单位建立健全的老年人员工支持体系。

建立老年人协会：通过建立老年人协会，组织老年人开展丰富多彩的文体活动，提供交流平台。协会可以发挥桥梁作用,促进老年人之间的互助与支持。

(四)社会工作者的介入策略

评估老年人的支持需求:社会工作者首先需要进行全面而细致的评估,了解老年人的社会支持需求。通过问卷调查、个案访谈等方式,获取关于老年人家庭、社区和个人方面的信息。

制定个性化的支持计划:根据评估结果,社会工作者可以与老年人及其家庭成员一起制定个性化的支持计划。明确社会支持的来源、形式和频率,确保支持计划符合老年人的实际需求。

提供信息和培训服务:社会工作者可以为老年人提供相关信息和培训服务,包括健康知识、社会福利政策、退休规划等方面的信息。通过提高老年人的知识水平,增强他们的自我决策能力,降低对外部支持的过度依赖。

搭建社交平台和支持网络:社会工作者可以组织老年人参与各类社交活动,建立支持网络。可以通过举办定期的社区活动、培训班、座谈会等方式实现,为老年人提供分享经验和交流感情的机会。

引导家庭沟通和协调:社会工作者在家庭层面的介入中,可以引导家庭成员之间的沟通与协调。通过提供家庭成员间的冲突解决策略、沟通技巧等,增进家庭内部的理解与支持。

建立社区资源数据库:社会工作者可以协助建立社区资源数据库,收集整理社区内的各类支持资源,包括医疗机构、社会服务机构、志愿者团体等。老年人可通过这一数据库获取所需的支持信息。

推动社会支持政策:社会工作者可积极参与制定和改进相关的社会支持政策。通过政策倡导,争取更多的政府和社会资源用于老年人社会支持,确保老年人的基本权益得到保障。

提供心理支持和心理治疗:针对老年人可能存在的心理问题,社会工作者可以提供心理支持和心理治疗服务。通过个体或团体的心理辅导,帮助老年人处理生活中的压力和情绪问题。

(五)社会支持系统的评估与调整

定期评估社会支持效果:社会工作者应定期评估建立的社会支持系统的效果。通过跟踪老年人的生活状况、心理健康状态、社交活动参与度等指标,及时发现问题并调整支持计划。

听取老年人的反馈:社会工作者需要积极听取老年人的意见和反馈。通过定期的反馈会议、问卷调查等方式,了解老年人对社会支持的满意度和建议,以便更好地满足他们的需求。

根据变化调整支持策略：随着老年人个体需求和生活状况的变化，社会工作者需要灵活调整社会支持策略。这可能涉及到重新评估支持需求、更新支持计划、引入新的支持资源等内容。

建立跨机构协作机制：不同社会工作机构间的协作也是评估与调整的关键。建立跨机构的信息共享和资源协作机制，有助于更好地整合社会支持资源，提高服务的综合效能。

老年社会工作中建立健全的社会支持系统是确保老年人幸福安康的关键一环。在家庭、社区、组织等多个层面，社会工作者可以通过一系列的策略和方法来建设社会支持系统。关注老年人的需求、尊重其个体差异、整合多元资源、倡导人本关怀是建立社会支持系统的关键要素。随着社会的不断发展和老龄化问题的加剧，社会工作者需要不断创新和提升自身专业水平，以更好地服务老年人，为他们创造一个充满关爱和支持的社会环境。通过社会工作者的努力，老年人可以更舒心地享受晚年生活，保持身心健康，实现老有所乐、老有所为。

三、社会支持在老年人应对挑战中的实际效果

随着全球人口老龄化的趋势日益显著，老年人面临着各种生活挑战，包括身体健康问题、心理压力、社交孤立等。在这样的背景下，社会支持成为老年人应对挑战的一项重要资源。社会支持不仅包括来自家庭、朋友、邻里的情感支持，还包括社区、组织和社会机构提供的实质性支持。本部分将探讨社会支持在老年人应对各种挑战中的实际效果，从身体健康、心理健康、社交关系等方面进行详细分析。

（一）社会支持与老年人身体健康的关系

提升免疫系统功能：社会支持被证明与免疫系统的功能密切相关。老年人通过社会支持获得的情感关怀和实际援助，可以降低身体患病的风险，促进免疫系统的正常运作，提高抵抗力。

促进健康行为的形成：社会支持有助于老年人养成积极的健康行为，如定期锻炼、合理饮食、规律作息等。通过家庭成员、朋友或社区组织的鼓励和支持，老年人更容易维持健康的生活方式。

减缓慢性病发展：社会支持对于慢性病患者尤为重要。在老年人患有慢性疾病的情况下，获得来自社会网络的支持可以减轻症状、提高生活质量，甚至减缓病情的发展。

加速康复过程：对于患病或手术后的老年人，社会支持可以促进康复过程。来自家庭成员和社区的关怀和照顾，能够提供情感上的慰藉，同时也对康复的身体恢复有

积极的影响。

减少生活压力：良好的社会支持系统有助于减少老年人的生活压力。面对各种生活变故时，有亲友、邻里的支持可以缓解老年人的紧张情绪，降低压力对身体健康的不良影响。

（二）社会支持与老年人心理健康的关系

减轻抑郁和焦虑：社会支持被认为是预防和缓解老年人抑郁和焦虑的有效手段。有亲朋好友的陪伴和支持，老年人更容易建立积极的心理状态，对生活保持乐观态度。

提高自尊与自信：社会支持有助于老年人建立更积极的自我认知，提高自尊心和自信心。得知自己在家庭和社区中是受欢迎、被需要的，老年人更有可能保持良好的心理状态。

增进社会参与感：良好的社会支持可以帮助老年人更好地融入社会，参与各类社交活动。通过社交参与，老年人能够建立更广泛的社交网络，提升社会支持的广度和深度。

应对生命转折更为积极：面对退休、子女离家、丧偶等生命转折，老年人往往需要更多的情感支持。社会支持可以帮助他们更为积极地应对这些生活变化，保持心理健康。

降低孤独感和孤立感：孤独感是老年人心理健康面临的重要问题。社会支持通过提供陪伴、交流和关心，有助于减轻老年人的孤独感和孤立感，提高生活满意度。

（三）社会支持与老年人社交关系的关系

维系亲子关系：良好的社会支持对维系老年人与子女之间的关系至关重要。社会支持有助于维系亲子关系，消除代沟，促进家庭关系和谐发展。

加强朋友关系：社会支持也包括来自朋友的情感和实质性支持。通过与朋友的互动，老年人能够拓展社交圈，建立深厚的友谊关系。

社区参与和邻里关系：良好的社会支持系统促使老年人更积极地参与社区活动，加强邻里关系。这不仅有益于老年人个体的社交网络建设，也有助于形成更为友好的社区环境，提高老年人的生活质量。

应对丧偶和孤独：社会支持在帮助老年人应对丧偶和孤独方面发挥着关键作用。通过来自家庭、朋友、邻里以及社区的支持，老年人更容易克服失去亲人带来的心理障碍，减轻孤独感。

提高婚姻质量：对于有配偶的老年人而言，社会支持对婚姻质量的提升有积极影响。夫妻间的支持和关爱能够加强婚姻关系，共同应对生活中的压力和困难。

（四）社会支持的实际挑战和应对策略

社会网络收缩：随着年龄的增长，一些老年人可能会面临社会网络收缩的问题，即社交圈子逐渐缩小。这时，社会工作者可以通过组织社交活动、培训社交技能等方式，帮助老年人扩大社交圈，增加社会支持。

家庭冲突和疏离：一些老年人可能会面临与家庭成员的冲突或疏离，这可能影响到社会支持的获得。社会工作者可以进行家庭介入，促进家庭成员之间的沟通和理解，解决潜在的矛盾。

社会歧视和孤立：一些老年人可能因为年龄而面临社会歧视和孤立。社会工作者可以通过开展反歧视宣传、组织老年人参与社区活动等方式，改变公众对老年人的刻板印象，缓解他们的孤立感。

医疗资源不足：在一些地区，老年人可能面临医疗资源不足的问题，尤其是在偏远地区。社会工作者可以倡导并参与建设更多的医疗资源，提高老年人获得医疗支持的机会。

技术使用障碍：随着科技的发展，一些老年人可能由于技术使用障碍而无法充分享受在线社会支持。社会工作者可以组织技术培训，帮助老年人掌握基本的科技应用，提高他们利用在线社会支持资源的能力。

（五）社会支持的未来发展趋势

智能技术的应用：未来，智能技术将更广泛地应用于老年人社会支持领域。智能设备、远程医疗、虚拟社交平台等技术将为老年人提供更便捷、定制化的社会支持服务。

跨领域合作：未来社会支持的发展将更加强调跨领域合作。医疗、社会工作、心理健康等专业将更密切地合作，为老年人提供全面的社会支持服务。

社会支持政策的完善：随着老龄化社会的深化，政府将更多关注老年人的社会支持需求。未来将有望出台更多完善的社会支持政策，增加老年人享受社会支持的机会。

强调个体差异：未来的社会支持将更加强调个体差异。因为老年人群体的多样性，社会支持需要更具针对性，充分考虑个体的需求、价值观和文化背景等相关因素。

社会工作者专业发展：未来社会工作者将更加专业化，需具备跨学科知识和全面的技能。社会工作者将不仅仅是提供支持的人员，更将成为整个社会支持系统的重要组成部分。

社会支持在老年人应对挑战中发挥着重要作用，涵盖了身体健康、心理健康、社交关系等多个方面。通过提供情感支持、实质性援助和社交参与，老年人能够更好地适应老龄化社会的变化。然而，社会支持也面临一系列实际挑战，需要社会工作者以及整个社会的共同努力来解决。未来，随着科技的发展和社会的进步，社会支持将迎来更多创新和发展，为老年人提供更为全面和个性化的支持服务。

第四节 成就动机理论与老年人生活满意度

一、成就动机理论对老年人目标设定的解释

老年阶段是人生中的一个重要阶段，伴随着身体的逐渐衰老、社会角色的转变，老年人面临着各种生活挑战和目标设定的需求。成就动机理论是心理学中的一种理论，旨在解释个体在面临任务和目标时产生的动机。本书将探讨成就动机理论在解释老年人目标设定方面的应用，深入探讨老年人在实现个人目标、保持积极动机方面的心理机制。

（一）成就动机理论概述

成就动机理论最早由美国心理学家亨利·默里于1938年提出，后来由大卫·麦克莱伦在20世纪60年代进一步发展和完善。该理论认为，人们在追求个体目标的过程中，存在着一种强烈的内在动机，即成就动机。

成就动机理论主要包含以下三个关键概念：

成就需要：指个体追求成功、克服挑战、取得成就感的内在需求。这种需要驱使个体去追求目标，促使其在面临困难时更有动力。

动机因素：表征个体在实现目标过程中的动机源泉，分为成就动机、权力动机和隶属动机。其中，成就动机是指追求个人卓越表现和成功的动机。

成就取向：表示个体在面对目标时的心理取向，分为目标取向和任务取向。成就取向的个体更关注任务本身，而非目标的结果。

（二）成就动机理论在老年人目标设定中的应用

老年人的成就需求：尽管在身体能力、社会角色等方面发生了变化，但老年人同样具有成就动机。在老年阶段，成就需求可能表现为对自我价值和自我实现的追求。老年人渴望在生活中发现新的挑战，并通过克服困难获得成就感，以维持对自己的积极评价。

老年人的动机因素：老年人的成就动机同样受到内在和外在动机因素的影响。内在动机可能来自于对个人成就、自我超越的渴望，外在动机则可能源于社会认可、家庭期望等因素。这些动机因素共同驱使老年人去设定和追求各种目标。

老年人的成就取向：成就取向在，尽管可能随着老年人年龄的增长而发生一些变化。，氮气仍然存在老年人可能更加关注任务本身，而非结果。例如，在学习新技能、参与社区服务等方面，老年人更注重过程中的体验和个人成长，而非最终的成果。

（三）老年人目标设定的特点与挑战

调整目标：随着年龄的增长，老年人可能会调整他们的目标。这可能涉及到更注重个人发展、家庭关系、社会参与等方面，而非事业上的成功。社会工作者在与老年人合作时，要理解并尊重他们个体化的目标。

面对身体挑战：老年人在追求目标时可能面临身体能力的限制，如健康问题、运动能力下降等。社会工作者可以协助老年人设定更适应身体状况的目标，提供相应的支持和资源。

社会角色的变化：随着子女独立、退休等社会角色的变化，老年人可能需要重新设定他们的目标。社会工作者可以协助老年人认识到新的社会角色，引导他们制定与之相适应的目标。

心理调适挑战：面对老年阶段的生活转变，一些老年人可能会面临心理调适的挑战。社会工作者可以提供心理支持，帮助他们理解并适应新的目标设定。

（四）成就动机理论在社会工作中的应用策略

个体化目标设定：了解老年人的个体差异，协助他们设定符合个人价值观和兴趣的目标。社会工作者可以通过面谈、问卷调查等方式，深入了解老年人的需求和期望，为其制定个性化的目标设定计划。

提供资源支持：社会工作者可以为老年人提供资源支持，包括提供学习机会、社交活动、健康服务等。这有助于老年人更好地实现他们设定的目标，提高目标达成的成功率。

促进社交互动：成就动机理论强调了社交因素对于动机的重要性。因此，社会工作者可以通过促进老年人的社交互动，帮助他们建立支持网络，分享经验和资源，激发成就动机。

心理辅导和认知重塑：针对老年人可能面临的心理调适挑战，社会工作者可以提供心理辅导服务，帮助他们重新审视目标、调整期望，并培养积极的心态。认知重塑的策略有助于老年人更好地适应生活变化。

提供技能培训：有时老年人设定的目标可能需要新的技能和知识。社会工作者可以提供相关的技能培训，使老年人具备实现目标所需的能力，增强其成就动机。

建立社区支持平台：创建社区支持平台，让老年人能够分享彼此的目标、经验和支持。通过组织社区活动、志愿服务等方式，激发老年人的社会参与欲望，增加他们的成就感。

设定短期和长期目标：分别设定短期和长期目标，有助于老年人更好地规划和实现他们的愿望。短期目标可以作为阶段性的成功体验，增加成就感，同时长期目标有助于保持长期动机。

（五）未来发展方向与挑战

整合跨学科知识：未来在老年人目标设定方面，社会工作者需要进一步整合跨学科的知识，结合心理学、医学、社会学等领域的研究成果，为老年人提供更全面的支持服务。

创新科技应用：随着科技的不断发展，社会工作者可以借助先进的科技手段，如虚拟现实、智能设备等，为老年人提供创新的支持和培训，扩大目标设定的可能性。

推动社会观念变革：未来社会工作者还需积极参与社会观念的变革，促使社会更加关注老年人的需求和价值。这有助于创造更加支持老年人目标设定的社会环境。

加强专业培训：社会工作者需要不断提升专业水平，接受更多关于老年心理学、老年社会工作的培训。这有助于更好地理解老年人的需求，提供更为贴心和专业的服务。

建立数据收集与评估体系：建立老年人目标设定的数据收集与评估体系，通过定期评估老年人的目标设定和实现情况，为社会工作者提供更科学的依据，制定更有效的干预计划。

成就动机理论为解释老年人目标设定提供了有益的理论框架，尽管在生活阶段、身体状况等方面存在差异，但老年人同样具有成就动机，社会工作者在与老年人合作时，可以运用成就动机理论，通过个体化的目标设定、提供资源支持、促进社交互动等方式，激发老年人的动机，帮助他们更好地实现个人目标。未来，社会工作者需要不断创新和提升专业水平，以更好地适应老龄社会的发展，为老年人提供更为全面和个性化的支持服务。

二、老年社会工作如何促进老年人生活满意度

老年社会工作是一个关注老年人生活质量、提供支持和服务的综合性领域。随着人口老龄化的不断加剧，如何有效促进老年人生活满意度成为社会工作者面临的一项重要任务。本部分将探讨老年社会工作在促进老年人生活满意度方面的策略、方法和挑战，为提高老年人生活质量提供有益的参考。

（一）老年人生活满意度的影响因素

健康状况：老年人的健康状况直接影响其生活满意度。患有慢性疾病、身体功能下降的老年人可能会感到生活的不便，降低生活满意度。

社会关系：社会支持和人际关系对老年人的生活满意度有着深远的影响。良好的社交网络和亲密的人际关系有助于老年人感到被关爱和支持，提高其生活满意度。

经济状况：经济状况是老年人生活满意度的一个关键因素。贫困、经济拮据会影响老年人的日常生活，降低其生活满意度。

居住环境：安全、舒适的居住环境对老年人的满意度至关重要。居住环境的质量直接关系到老年人的生活质量和满意度水平。

个体心理素质：乐观、积极的心态能够提高老年人的生活满意度。相反，抑郁、焦虑等心理问题则可能会降低他们的生活满意度。

（二）老年社会工作的促进生活满意度的策略

1. 健康促进与医疗支持

健康教育与促进：社会工作者可以通过组织健康讲座、康复训练等方式，提高老年人对健康的认知和重视，培养其积极的生活方式。

医疗支持：协助老年人建立健康档案，促进定期体检，提供健康管理和医疗指导，确保老年人能够及时获得医疗支持。

2. 社交支持与人际关系

建立社交网络：社会工作者可以组织社交活动、老年俱乐部等，帮助老年人扩展社交圈，建立新的社交网络。

家庭关系支持：提供家庭关系咨询和支持服务，帮助老年人与家庭成员良性沟通，解决潜在的家庭问题，维护家庭和睦。

3. 经济援助与就业机会

福利咨询：协助老年人了解社会福利政策，申请各种补贴和福利，提供经济援助，缓解老年人经济拮据的问题。

就业指导：针对健康状况较好的老年人，提供就业机会和培训，帮助他们充分发挥潜力，参与社会活动。

4. 居住环境改善

居家护理服务：提供定期的居家访问服务，检查居住环境的安全性，提供必要的居家护理服务。

居住设施支持：协助老年人选择适宜的居住设施，提供居住环境改善的建议，确保老年人居住的环境足够安全舒适。

5. 心理支持与心理健康服务

心理咨询：提供心理咨询服务，帮助老年人处理心理问题，缓解抑郁、焦虑等负面情绪。

心理健康宣教：进行心理健康宣教活动，增强老年人对心理健康的重视，鼓励他们积极面对生活中的挑战。

6. 文化娱乐与教育活动

文化活动组织：定期组织文化娱乐活动，如艺术展览、戏剧表演等，提供老年人社交的机会，丰富他们的精神生活。

继续教育：提供继续教育服务，开设兴趣班和培训课程，激发老年人的学习兴趣，促进他们不断提升自我。

（三）老年社会工作的挑战与应对策略

对于老年社会工作来说，需要面对一系列挑战，如资源有限、服务需求多元、社会认知不足等问题。社会工作者需要采取措施应对这些挑战，确保老年人得到全面的支持和服务。

资源整合与合作机制：面对资源有限的问题，社会工作者可以通过整合社区资源、与其他机构建立合作机制，共同为老年人提供更全面的支持。通过协同合作，可以优化资源配置，提高服务的覆盖面和效果。

个体差异化服务：由于老年人的个体差异很大，社会工作者需要采取差异化服务策略，针对不同老年人的需求提供个性化的支持。这包括关注老年人的文化背景、健康状况、家庭情况等方面，确保服务更加贴合个体需求。

提高社会认知：社会工作者可以通过开展宣传活动、培训课程等方式，提高社会对老年人需求的认知。这有助于减少老年人面临的歧视和误解，促进社会对老年人的尊重和支持。

信息技术应用：利用信息技术手段，建立老年人信息系统，便于社会工作者更及时了解老年人的需求和问题。通过移动应用、在线平台等方式，提供老年人更便捷的服务渠道，弥补地域和交通造成的限制。

建立评估体系：建立老年人生活满意度的评估体系，定期对服务的效果进行评估。这有助于发现问题、改进服务，确保老年人得到持续的、高质量的支持。

（四）老年社会工作的未来发展趋势

整合社会资源：未来，老年社会工作将更加强调整合社会资源，建立多层次、多元化的支持体系。通过与政府、非政府组织、企业等合作，共同为老年人提供更全面、更优质的服务。

数字化服务发展：随着信息技术的不断发展，老年社会工作将更加数字化。智能化的社会工作平台、健康监测设备、在线服务等将为老年人提供更便捷的支持方式，提高服务的效率，扩大覆盖面。

强化老年人参与：未来的老年社会工作将更加注重老年人的参与和决策。通过设立老年人代表、建立参与式决策机制等方式，使老年人更加直接地参与到服务的规划和实施中。

跨学科合作：为了更好地满足老年人多元化的需求，老年社会工作将加强与其他学科的合作。与医学、心理学、社会学等专业形成更紧密的合作关系，提供全面的身心健康支持。

强化社会工作者专业化：未来的社会工作者将更具专业化，需要具备更多关于老年人心理、医学、法律等方面的知识。相关专业的培训和认证将变得更为重要，以提高社会工作者在老年人服务中的专业水平。

老年社会工作在促进老年人生活满意度方面具有重要作用。通过关注老年人的身体健康、社交支持、经济状况、居住环境等多个方面，社会工作者可以制定有针对性的服务计划，提高老年人的生活满意度。未来，老年社会工作将面临新的挑战和机遇，需要更多的创新和跨学科合作，以更好地适应老龄化社会的发展。社会工作者将继续在老年人服务领域发挥重要作用，为老年人提供更全面、更个性化的支持，推动老年人生活质量的进一步提升。

三、成就动机理论在老年人服务评估中的应用

老年人服务评估是为了更好地理解和满足老年人需求的过程，以提高他们的生活质量和幸福感。成就动机理论提供了一种解释个体在追求目标时产生动机的理论框架，可以在老年人服务评估中提供深刻的理解和指导。本部分将探讨成就动机理论在老年人服务评估中的应用，以及如何借助这一理论更好地优化老年人的服务体验。

（一）成就动机理论概述

成就动机理论是心理学中的一个重要理论，强调个体在面临任务和目标时产生的内在动机。该理论最早由亨利·默里提出，后来由大卫·麦克莱伦进一步发展。成就动机理论主要包括以下几个关键概念：

成就需求：个体追求成功、克服挑战、取得成就感的内在需求。

动机因素：包括成就动机、权力动机和隶属动机，其中成就动机指个体追求个人卓越表现和成功的动机。

成就取向：个体在面对目标时的心理取向，包括目标取向和任务取向。成就取向的个体更关注任务本身，而非结果。

（二）老年人服务评估的重要性

老年人服务评估是为了全面了解老年人的需求、优劣势和愿望，以便提供更为贴切和有针对性的服务。评估的内容可以涵盖健康状况、社交支持、经济状况、居住环境等多个方面。通过评估，社会工作者可以更合理地规划和提供服务，以满足老年人的各种需求。

（三）成就动机理论在老年人服务评估中的应用

1. 设定个体化的服务目标

了解成就需求：通过与老年人的沟通和访谈，社会工作者可以了解他们的成就需

求,即他们期望在晚年取得什么样的成就感和满足感。

引导目标设定:基于成就动机理论,社会工作者可以引导老年人设定个体化的服务目标,这些目标应该与他们的个人价值观和生活期望相一致。

2. 激发积极的动机因素

强调任务取向:在服务评估和规划中,强调任务取向,即关注老年人在实现目标过程中的体验、学习和成长,而非只关注最终的成果。

奖励个人卓越表现:通过认可和奖励老年人在实现目标过程中的卓越表现,可以进一步激发他们的积极动机,增强服务的正面效果。

3. 关注社会支持和认同需求

社会支持的重要性:成就动机理论中的隶属动机强调个体在社交关系中获得的满足感。在服务评估中,要关注老年人的社会支持体系,确保他们在实现目标过程中获得足够的支持。

认同需求的满足:社会工作者可以通过帮助老年人建立积极的社交网络,参与社区活动等方式,满足其对认同和归属的需求。

4. 建立挑战性的目标

鼓励挑战性目标设定:成就动机理论认为,个体追求挑战性的目标时更容易激发动机。在服务评估中,社会工作者可以鼓励老年人设定一些具有挑战性的目标,以促进他们的成就动机。

提供适当支持:同时,确保老年人在追求挑战性目标时得到适当的支持,避免因目标过于困难而打击他们的信心。

(四)应用案例:老年人社区康复服务

以一个老年人社区康复服务为例,应用成就动机理论进行服务评估和规划。

了解成就需求:通过与老年人的座谈会和个别访谈,了解他们在康复过程中的成就需求,包括恢复身体功能、学到新技能、重新融入社会等方面的期望。

引导目标设定:在康复计划中,引导老年人设定个体化的康复目标,例如通过物理康复锻炼提高步态、通过社交活动拓展社交圈等方式,确保这些目标与他们的个人价值观相符。

奖励卓越表现:在整个康复过程中,及时认可和奖励老年人在实现康复目标过程中的卓越表现,如通过设立康复成就奖项、组织表彰活动等方式,激发他们的积极动机,增强对康复过程的投入和参与度。

关注社会支持和认同需求:在康复服务中,不仅关注老年人的身体康复,还强调社会支持和认同需求的满足。通过组织社交活动、建立互助小组,提供心理辅导等方式,确保老年人在康复过程中有足够的社会支持,促进他们感到来自社区认同和关爱。

鼓励挑战性目标设定：在康复服务规划中，鼓励老年人设定挑战性的康复目标，如通过康复锻炼提高某项身体功能的百分比，通过学习新技能增加自主生活能力等。这些挑战性目标有助于激发老年人的成就动机，促使他们更积极地参与康复过程。

提供适当支持：确保老年人在追求挑战性目标时得到适当的支持。包括康复专业人员的指导、定期评估和调整康复计划，以及提供必要的物质和心理支持，帮助老年人克服困难，更好地实现康复目标。

通过成就动机理论的应用，这个老年人社区康复服务可以更加精准地了解老年人的个体差异和需求，提供更为个性化和有效的服务。同时，关注成就动机的激发，使老年人在康复过程中更具动力和乐观心态，提高服务的整体效果。

（五）挑战与应对策略

在将成就动机理论应用于老年人服务评估中时，也面临一些挑战，需要采取相应的应对策略：

个体差异：老年人之间的个体差异很大，成就动机因素受到多种因素的影响。社会工作者需要充分了解每位老年人的独特需求，提供差异化的服务，而不是采用单一的标准。

动机的变化：随着老年人生活阶段的变化，动机可能会发生变化。因此，服务评估需要定期进行，以及时调整服务计划，适应老年人不同阶段的需求和动机。

认知水平和沟通障碍：一些老年人可能面临认知水平下降、沟通障碍等问题，这会影响他们对目标设定和服务的理解。社会工作者需要采取清晰简明的沟通方式，并在评估过程中考虑到他们的认知差异。

社会支持系统的不足：一些老年人可能缺乏足够的社会支持系统，这可能影响他们的动机和康复效果。社会工作者需要通过建立社交网络、鼓励家庭支持等方式来弥补社会支持的不足。

（六）未来发展方向

未来，成就动机理论在老年人服务评估中的应用有望在以下几个方向得到进一步发展。

整合其他心理学理论：将成就动机理论与其他心理学理论相结合，如自我决定理论、社会认知理论等，以更全面、多层次地理解老年人的动机和需求。

发展量化评估工具：基于成就动机理论，发展更为科学的、量化的老年人服务评估工具，以客观地测量老年人的成就需求和动机水平，为服务规划提供更为精准的依据。

注重老年人参与：强调老年人在服务评估中的主体地位，通过参与式评估、座谈会等方式,更深入地了解老年人的期望和需求,使服务更贴近老年人的实际情况。

跨学科合作:加强社会工作者与其他领域专业的跨学科合作,将医学、康复学、心理学等专业知识融入服务评估过程,提供更全面的支持。

推动社会观念变革:积极参与老年人服务的社会观念变革,促使社会更加关注老年人的需求和价值,创造更有利于老年人成就需求实现的社会环境。

成就动机理论为老年人服务评估提供了一种深刻的理论框架,能够帮助社会工作者更深入地理解老年人的动机和需求。通过合理应用成就动机理论,社会工作者可以设计更为个性化、有效的服务计划,促进老年人更积极地参与服务,提高生活质量。未来,需要不断优化成就动机理论的应用,结合其他理论和跨学科合作,以更全面、深入地理解老年人的心理和社会需求。同时,推动社会观念的变革,让社会更加注重老年人的个体差异和动机,为老年人提供更为尊重和关爱的服务。

成就动机理论的应用,不仅有助于优化老年人服务评估,还有助于社会工作者更全面地认识和理解老年人的需求。通过关注老年人的成就动机,服务可以更贴近老年人的期望,使他们在晚年阶段获得更多满足感和幸福感。在老年社会工作领域,成就动机理论的应用将不断为服务提供更为深刻的理论支持,推动老年人服务的不断创新和发展。

第四章 老年社会工作的服务模式

第一节 社区老年服务中心的建设与运作

一、社区老年服务中心的功能与服务范畴

随着人口老龄化趋势的加剧，社区老年服务中心在社会服务体系中扮演着越来越重要的角色。社区老年服务中心作为老年人日常生活的支持和交流平台，其功能和服务范畴的合理设计对于满足老年人多样化需求、提高生活质量具有重要意义。本部分将深入探讨社区老年服务中心的功能和服务范畴，以期为构建更加健全、人性化的老年服务网络提供借鉴和指导。

（一）社区老年服务中心的功能

信息咨询与导航服务：社区老年服务中心作为信息传递的枢纽，应提供老年人各类政策、福利、医疗等方面的咨询服务。通过建立信息导航系统，为老年人提供便捷准确的信息，使他们更好地了解社区资源和服务。

社交互动与心理支持：提供各类社交活动，如老年人俱乐部、文艺演出、康体运动等，促进老年人之间的互动交流。同时，设立心理支持服务，为老年人提供情感支持和心理辅导，缓解他们面临的孤独和心理压力。

健康管理与康复服务：提供健康咨询、体检等服务，组织康复运动、瑜伽、舞蹈等活动，促进老年人的身体健康。建立健康档案，跟踪老年人的健康状况，为他们提供个性化的康复方案。

文化教育与技能培训：举办文化沙龙、书法班、计算机培训等文化教育活动，满足老年人学习和兴趣的需求。通过技能培训，提高老年人在社会中的综合素质，使他们更好地适应现代社会。

餐饮服务与营养指导：提供社区餐饮服务，满足老年人的膳食需求。配合营养师，提供针对老年人的营养指导，关注老年人的饮食健康，预防慢性疾病的发生。

居家养老辅助服务：为有需要的老年人提供上门服务，包括购物、清洁、生活照料等。通过居家养老辅助服务，提高老年人在家中的生活质量，延缓他们进入机构化养老的时间。

法律援助与权益保护：为老年人提供法律援助服务，解答法律疑问，保障他们的合法权益。设立法律顾问团队，关注老年人的法律保护需求，维护他们的合法权益。

志愿者服务与社区参与：建立社区志愿者团队，为老年人提供陪伴、助力服务。通过组织老年人参与社区活动，促进他们更好地融入社区生活，感受社区的温暖和关爱。

（二）社区老年服务中心的服务范畴

社区养老服务：提供长期照护、短期照护、日间照料等形式的社区养老服务。通过专业的养老服务团队，为老年人提供安全、温馨的养老环境，满足他们日常生活和医疗护理的需求。

健康管理与预防服务：设立老年人健康管理档案，定期进行体检、健康评估，制定个性化的健康管理计划。同时，通过健康讲座、疾病预防宣传等方式，提高老年人对健康的重视，预防慢性疾病的发生。

文化娱乐与精神关怀：举办文艺汇演、读书会、影视欣赏等文化娱乐活动。通过心理关怀团队，为老年人提供心理支持和精神慰藉，关注他们的精神健康。

社会参与与志愿服务：开展社区义工培训，鼓励老年人参与社区志愿服务。通过志愿者服务团队，为社区提供更多的支持和帮助，同时让老年人感受到社会责任和参与的乐趣。

社会工作与法律援助：建立社会工作服务团队，为老年人提供社会工作咨询、心理辅导等服务。通过法律援助团队，解答老年人的法律疑虑，保障他们的合法权益。社会工作团队还可以关注老年人的生活状况，及时发现并解决他们可能面临的社会问题。

居家服务与生活辅助：提供上门服务，包括居家护理、清洁、购物、药物管理等。通过居家服务，为有需求的老年人提供更贴心的生活支持，让他们能够更安心地在家中生活。

智能科技与远程健康监测：利用智能科技手段，为老年人提供远程健康监测服务，实时掌握他们的健康状况。通过智能设备，提供远程医疗咨询、在线健康课程等服务，提高老年人健康管理的便捷性和及时性。

社区环境建设与无障碍设施：积极参与社区环境建设，为老年人创造无障碍的社区环境。包括修建坡道、设置扶手、改造无障碍电梯等，提高社区的可访问性，使老年人更便利地参与社区活动。

紧急救援与应急服务：建立老年人紧急救援体系，提供24小时应急服务。包括设立紧急求助电话、培训急救志愿者、提供急救包等，确保老年人在紧急情况下能够及时获得援助。

社区活动与培训课程：开展各类社区活动，如老年人运动会、文艺演出、手工艺课程等，为老年人提供丰富多彩的社区生活。通过专业讲座、技能培训，提高老年人的知识水平和生活质量。

（三）社区老年服务中心的综合服务模式

社区老年服务中心应倡导综合服务模式，整合各个方面的服务，形成系统性、全面性的服务体系。这种模式可以更全面地满足老年人多元化的需求，提高服务的针对性和有效性。

个性化服务计划：根据老年人的不同需求和健康状况，制定个性化的服务计划。这包括康复服务、文化娱乐活动、社交互动等多方面的内容，确保服务的个性化和差异化。

团队协作与信息共享：建立服务团队，包括医疗专业人员、社工、志愿者等，进行协同合作。通过信息共享平台，实现服务团队之间的即时沟通，提高服务的协同性和一体化水平。

定期评估与调整服务计划：对老年人的服务计划进行定期评估，根据健康状况和需求的变化，及时调整服务内容。这有助于保持服务的实效性和及时性。

社区参与与居民自治：鼓励老年人积极参与社区服务中心的决策和管理。通过设立居民委员会、举办居民代表大会等方式，促进老年人的自治和参与感。

（四）面临的挑战与发展方向

人力资源不足：社区老年服务中心面临服务人员匮乏的问题，特别是专业人才。发展方向是加强相关专业培训，提高服务人员的专业水平。

社会观念不足：一些社区对老年服务的需求尚未引起足够的社会重视，社会观念相对滞后。需要通过宣传教育，提高社会对老年服务的认知和关注。

经济资金压力：社区老年服务中心的建设和运营需要一定的经济支持，而经济资金有时会受到限制。发展方向是寻找多元化的资金来源，包括政府支持、社会捐赠、企业赞助等。

信息技术应用欠缺：在信息化时代，一些社区老年服务中心的信息技术应用相对滞后，影响了服务的智能化水平。发展方向是加强信息技术建设，提高服务中心的信息化管理水平。

社区设施不完善：一些社区老年服务中心的设施不够完善，不符合老年人的需求。发展方向是改善和完善社区老年服务中心的硬件设施，提高服务的舒适度和便利性。

社区老年服务中心在老龄化社会中具有不可替代的地位，其功能与服务范畴的设计直接关系到老年人生活质量和社区的老年友好型建设。通过提供多元化、个性化的服务，社区老年服务中心可以为老年人提供更为全面、贴心的关爱和支持，使其更好地融入社区生活，安度晚年时光。为了不断提升社区老年服务中心的效能，应在人力资源培训、社会观念转变、经济资金筹措、信息技术应用等方面进行综合性的改进和发展。

二、社区老年服务中心的组织与管理

随着人口老龄化的加剧，社区老年服务中心作为服务老年人的重要平台，在社区养老、文化娱乐、健康管理等方面发挥着关键作用。其组织与管理的合理性直接关系到服务的质量和效果。本书将从组织结构、人力资源管理、财务管理、信息技术应用等方面，深入探讨社区老年服务中心的组织与管理。

（一）组织结构设计

中心设置与职能划分：社区老年服务中心的组织结构首先需要明确其设置和职能划分。应该明确中心的主要任务，如提供养老服务、文化活动、健康管理等，并根据任务的不同，设立相应的部门和岗位，确保各项工作有序进行。

层级体系与协同机制：在组织结构中建立明确的层级体系，包括中心主任、部门主管、基层工作人员等，形成责任清晰、协同紧密的工作机制。通过定期例会、工作汇报等方式，促进各层级间的有效沟通与协作。

居委会与社区居民参与：将社区居委员会纳入组织结构中融入社区居委会，并设立社区居民代表，使社区老年服务中心的运营更贴近实际需求。通过定期座谈会、意见征集等方式，引入社区居民的声音，促进服务的人性化和社区参与感。

（二）人力资源管理

招聘与培训：社区老年服务中心的人力资源管理需要注重招聘合适的专业人员，如医护人员、社工、文体活动策划等。同时，开展定期的培训计划，提升员工的专业水平，使其更好地适应老年服务工作。

工作绩效考核：建立科学的工作绩效考核体系，根据服务质量、社区满意度、工作创新等方面进行综合考评。通过正向激励措施，激发员工的工作热情，提高服务水平。

员工关怀与激励：关心员工的身心健康，提供良好的工作环境和福利待遇。设立员工关怀机制，包括员工健康体检、心理咨询服务等。通过激励机制，如年度优秀员工评选、职业晋升等方式，激发员工的工作动力。

团队建设与沟通：加强团队建设，通过团队活动、培训、定期交流会等方式，促进员工之间的默契与合作。建立便利的沟通渠道，确保信息传递畅通，减少信息断层对工作的影响。

（三）财务管理

预算与经费调配：制定明确的年度预算，合理分配各项经费用于人员薪酬、设备采购、活动组织等方面。建立经费审批和使用流程，确保资金的合理使用。

资产管理与设备更新：对社区老年服务中心的资产进行登记和管理，包括设备、场地、文体用具等。建立定期检查机制，及时发现设备老化、损坏情况，进行更新和维护。

资金筹措与社会捐赠：制定多元化的资金筹措计划，除了政府资助，还可以通过社会募捐、企业赞助等方式获取经费。建立社区老年服务基金，吸引社会资源参与老年服务事业。

（四）信息技术应用

信息系统建设：建立社区老年服务中心的信息系统，包括服务对象信息、服务记录、活动安排等内容。通过信息系统，实现服务的信息化管理，提高工作效率和服务质量。

智能化服务：利用智能技术，如语音助手、智能老年用具等，提升服务的智能化水平。通过在线平台，提供老年人远程咨询、健康监测等服务，拓扩大服务覆盖面。

社交媒体宣传与互动：利用社交媒体平台，积极宣传社区老年服务中心的活动和服务内容。通过互动式平台，收集居民反馈、意见建议，促进社区老年服务中心与居民之间的互动。

（五）面临的挑战与发展方向

人才短缺：社区老年服务中心的服务需要专业、热心的人才，但这方面的人才相对紧缺。发展方向是加强培训和引进优秀人才，提高服务人员的整体素质。

社区观念不足。一些社区居民对于老年服务的需求和意愿存在认知偏差，对社区老年服务中心的关注度不够。发展方向是通过宣传教育，提高社区居民对老年服务的认知度，鼓励他们积极参与。

经济资金压力：社区老年服务中心的建设和运营需要一定的经济支持，而经济资金有时会受到限制。发展方向是积极寻找多元化的资金来源，包括政府支持、社会捐赠、企业赞助等。

信息技术落后：一些社区老年服务中心的信息技术应用水平相对滞后，影响了服务的智能化水平。发展方向是加强信息技术建设，提高服务中心的信息化管理水平，提升服务的科技含量。

社区设施不足：一些社区老年服务中心的设施不够完善，不符合老年人的需求。发展方向是改善和完善社区老年服务中心的硬件设施，提高服务的舒适度和便利性。

（六）发展方向与建议

建立跨部门合作机制：加强与卫生健康、社会保障、文化旅游等相关部门的合作，形成联动发展，实现资源共享和服务协同。这有助于构建更加综合化的老年服务体系。

拓展社区合作网络：与社区内的医疗机构、社区警务、商业机构等建立紧密的合作关系，形成全方位的服务网络。通过合作，充分发挥各方的资源优势，为老年人提供更加全面的服务。

引入社会力量支持：鼓励社区老年服务中心积极开展社会募捐、志愿者服务等活动，吸引更多社会力量参与到老年服务事业中。通过社会化运作，扩大服务中心的经费来源。

推动信息技术创新：引入先进的信息技术，如人工智能、物联网等，提升服务中心的智能化水平。通过在线平台、APP等方式，为老年人提供更便捷、高效的服务。

开展公众宣传教育：制定系统的宣传计划，通过社区广播、小区宣传栏、社交媒体等渠道，提高社区居民对社区老年服务中心的认知度。倡导老年服务理念，促进社区居民积极参与。

建设示范项目：在一些先进地区建设社区老年服务中心示范项目，推广成功经验。通过示范项目，为其他地区提供借鉴，促进全国老年服务事业的共同进步。

社区老年服务中心的组织与管理对于提供高质量、全面的老年服务至关重要。通过科学合理的组织结构设计、有效的人力资源管理、稳妥的财务管理以及先进的信息技术应用，社区老年服务中心能够更好地适应老龄化社会的需求，为老年人提供更贴心、综合的服务。

在未来的发展中，社区老年服务中心需要面对多方面的挑战，包括人才短缺、社区观念不足、经济资金压力等。通过与不同领域的合作、引入社会力量支持、推动信息技术创新等多方面的努力，社区老年服务中心有望在老年服务领域发挥更大的作用，为社区居民提供更为全面、高效的服务。

三、社区老年服务中心与其他机构的合作与协调

在老龄化社会的背景下，社区老年服务中心作为提供全方位、多层次服务的重要机构，其与其他相关机构的合作与协调显得尤为重要。通过建立紧密的合作关系，社区老年服务中心能够充分利用社区资源，提高服务水平，实现资源共享，促进老年服务工作的整体推进。本部分将从医疗机构、社会组织、政府部门等多个方面，深入探讨社区老年服务中心与其他机构的合作与协调。

（一）社区老年服务中心与医疗机构的合作

定期健康体检与医疗服务：社区老年服务中心与附近的医疗机构可以建立定期健康体检的合作机制，提供老年人身体健康状况的全面评估。同时，通过签署协议，为老年人提供更为便捷的医疗服务，如门诊预约、专科挂号等。

远程医疗与健康咨询：利用信息技术手段，社区老年服务中心可以与医疗机构建立远程医疗服务渠道，通过视频会诊、在线咨询等方式，为老年人提供远程医疗服务和健康咨询，解决因交通、距离等原因造成的就医不便问题。

康复护理服务：针对有康复需求的老年人，社区老年服务中心可以与康复医疗机构合作，提供专业的康复护理服务，如康复训练、康复理疗等，帮助老年人提高生活质量。

疫苗接种与健康宣教：社区老年服务中心与医疗机构可以合作进行疫苗接种工作，提高老年人的免疫水平。同时，组织医生进行健康宣教活动，普及健康知识，提高老年人的健康意识。

卫生防疫与应急处理：在突发公共卫生事件时，社区老年服务中心与医疗机构需建立紧急协调机制，协同开展防疫工作。同时，制定老年人突发事件应急处理方案，确保老年人得到及时救助与照顾。

（二）社区老年服务中心与社会组织的合作

志愿者服务与社区活动：社区老年服务中心与社会志愿者组织合作，招募和培训志愿者，共同参与社区活动的组织与实施。志愿者可以为老年人提供陪伴、购物、文艺表演等服务，增加社区的关爱力量。

文化娱乐活动与艺术团体：通过与艺术团体、文化组织的合作，社区老年服务中心能够为老年人提供更多元化的文化娱乐活动，如音乐会、戏剧表演、手工艺制作等，提升老年人的生活质量。

心理健康服务与心理机构：社区老年服务中心与心理机构合作，为老年人提供心理咨询、心理健康服务。通过定期的心理健康讲座、小组活动，关注老年人的心理健康需求，提供心理支持。

社区培训与专业机构：社区老年服务中心可以与专业培训机构合作，为老年人提供生活技能、健康知识等方面的培训课程。这有助于提高老年人的自理能力，增加他们的社会参与度。

社区联盟与协作项目：社区老年服务中心与其他社会组织、非政府组织建立社区联盟，共同开展协作项目。通过资源整合，实现优势互补，为老年人提供更全面、高效的服务。

（三）社区老年服务中心与政府部门的合作

政策支持与项目合作：社区老年服务中心需要与地方政府相关部门建立紧密的联系，获取政策支持和项目合作机会。参与政府主导的老年服务项目，得到政府的经济支持和政策倾斜。

信息共享与社会福利：与社会福利部门建立信息共享机制，共同关注老年人的福利需求。社区老年服务中心可通过政府渠道获取相关社会福利政策的信息，为老年人提供更准确、全面的福利指导。

老龄政策宣传与法律咨询：社区老年服务中心可以与政府的老龄工作部门合作，共同开展老龄政策宣传和法律咨询活动。通过合作，增强老年人对相关政策的了解，解答法律问题，保障老年人的权益。

社区建设与基础设施合作：社区老年服务中心与城市规划、社区建设等相关政府部门合作，共同推动社区老年服务基础设施的建设。这包括老年人友好型社区建设、无障碍设施的设置，为老年人提供更便捷、安全的社区环境。

社区活动与居委会协同：社区老年服务中心需要与居委会、社区管理部门保持密切合作。通过与居委会协同，能更好地了解社区老年人的实际需求，有针对性地组织社区活动，提高服务的精准度。

（四）面临的挑战与解决方案

信息共享不畅：一些地区存在信息共享不畅的问题，社区老年服务中心与其他机构难以获取及时有效的信息。解决方案是推动建立健全的信息共享平台，促使相关机构及时更新和分享信息。

政策支持不足：部分社区老年服务中心由于政府经费不足，导致服务质量无法得到有效提升。解决方案包括积极争取政府的支持，同时探索多元化的资金来源，如引入社会捐赠、设立老年服务基金等。

专业人才短缺：社区老年服务中心在提供医疗、心理、法律等方面的服务时，可能缺乏专业人才。解决方案包括与专业机构建立长期合作关系，引入专业人才，或者通过培训提高服务人员的综合素质。

资源分散利用不充分：社区内存在着众多老年服务机构，但存在资源分散、利用不充分的问题。解决方案是建立老年服务资源整合机制，通过建立社区老年服务联盟，促进各机构的资源共享。

（五）发展方向与建议

建立跨机构合作平台：推动建立跨机构合作的平台，整合社区老年服务中心、医疗机构、社会组织、政府部门等的资源。通过共享信息、协同服务，实现更高效的老年服务。

加强人才交流与培训：建立人才交流机制，促进社区老年服务中心与其他机构的人才共享。加强专业人才培训，提升服务团队整体水平。

推动政府引导与支持：社区老年服务中心应积极争取政府引导和支持，争取更多的政策倾斜和经济资金。通过与政府的深度合作，促进老年服务事业的可持续发展。

开展综合评估与服务规划：社区老年服务中心与其他机构可以共同进行综合评估，深入了解老年人的需求和问题。基于评估结果，制定更科学、合理的老年服务规划，提高服务的针对性。

强化社区宣传与居民参与：社区老年服务中心与其他机构共同开展宣传活动，提高社区居民对老年服务的认知度。通过多种形式的宣传，鼓励居民积极参与，实现全社会对老年服务的关注与支持。

社区老年服务中心与其他机构的合作与协调是实现老年服务全面、高效的关键。通过与医疗机构、社会组织、政府部门等多方合作，社区老年服务中心可以更充分地利用各方资源，提供更全面、贴心的服务。在未来的发展中，需要不断探索合作的新模式，建立更为紧密的协作机制，共同促进老年服务事业的不断创新和提升。

第二节　居家护理服务与老年人生活质量

一、居家护理服务的基本原则与目标

随着人口老龄化趋势的加剧，居家护理服务成为满足老年人需求的重要方式之一。居家护理服务通过提供医疗、护理、康复等多方面的支持，使老年人在家中能够得到更全面、个性化的关怀。本部分将深入探讨居家护理服务的基本原则与目标，为建立更加健全的居家护理服务体系提供参考。

（一）居家护理服务的基本原则

个体化原则：居家护理服务应以老年人个体的需求为中心，根据其健康状况、生活习惯、文化背景等因素，提供个性化的服务。通过个体化服务，更好地满足老年人的特殊需求，提高服务的针对性和有效性。

家庭为基础原则：居家护理服务的本质是在老年人的家庭环境中提供服务，因此服务应以家庭为基础。尊重老年人在家庭中的地位，与家庭成员建立合作关系，共同为老年人创造一个温馨、和谐的家庭护理环境。

全面关怀原则：居家护理服务不仅关注老年人的生理健康，还应关注其心理、社会、文化等多方面的需求。全面关怀原则强调综合性服务，包括医疗护理、康复服务、心理支持等，促进老年人身心健康的全面提升。

社区参与原则：居家护理服务应积极倡导社区的参与与支持。通过与社区卫生服务中心、社会组织等的合作，形成居家护理服务的社区支持网络。社区参与原则有助于整合社区资源，提供更全面、贴近老年人需求的服务。

预防为主原则：居家护理服务不仅要关注老年人已有的健康问题，更要以预防为主。通过健康教育、定期体检、居家安全评估等手段，预防慢性病、意外伤害等风险，提高老年人的健康水平。

家庭支持和自主性原则：居家护理服务应鼓励并强调老年人及其家庭的自主性。老年人和家庭成员应参与护理计划的制定和决策，发挥其自我管理的能力。通过提供必要的信息和培训，增强老年人及家庭的护理能力。

信息技术应用原则：在当今数字化时代，居家护理服务可借助信息技术实现更智能、高效的管理。通过健康管理 APP、远程医疗平台等工具，实现老年人健康数据的实时监测和远程医疗服务，提高服务的便捷性和精准性。

（二）居家护理服务的目标

延缓老龄化进程：居家护理服务的首要目标是通过全面的健康管理和医疗护理，延缓老年人身体和认知功能的衰退。通过定期体检、康复训练等手段，提高老年人的生活质量，使其能够更长时间在家庭中独立生活。

提高生活质量：居家护理服务致力于提高老年人的生活质量，包括但不限于身体健康、心理幸福、社交活动等方面。通过提供文娱活动、社交支持、心理辅导等服务，增加老年人生活的丰富度和满足感。

促进康复与自理能力：针对患有慢性病或康复需求的老年人，居家护理服务的目标是通过专业的康复护理，促进其身体功能的康复。同时，通过技能培训，提高老年人的自理能力，增加其生活独立性。

减轻家庭负担：居家护理服务旨在通过专业的护理和医疗服务，减轻老年人家庭的照护负担。通过提供专业的医疗和护理服务，降低老年人的健康风险，减少家庭成员的日常照护工作，使得家庭更加轻松、和谐。

实现老年人的独居愿望：对于有独居愿望的老年人，居家护理服务的目标是满足其在家庭环境中独立居住的需求。通过提供合适的居家环境改造、社区支持、定期的健康检查等服务，支持老年人在家庭中过上自主、独立的生活。

提高老年人社会参与度：居家护理服务致力于提高老年人的社会参与度。通过组织社区活动、文化娱乐、志愿者服务等方式，促使老年人融入社会，拓展社交圈，解缓因孤独感带来的心理健康问题。

降低医疗服务成本：居家护理服务的目标之一是通过及时的健康监测、预防性护理，降低老年人慢性病的发生率，减少因慢性病导致的医疗服务成本。通过定期的健康评估，及时发现和处理潜在的健康问题，提高医疗服务的效益。

建立健全的居家护理服务体系：居家护理服务的终极目标是建立健全的服务体系，实现全社会对老年人的全面关爱。通过整合医疗机构、社区组织、家庭护理服务机构等资源，建立多层次、覆盖全面的居家护理服务网络。

（三）面临的挑战与解决方案

服务质量标准不统一：面临不同服务机构间服务质量标准不统一的挑战。解决方案是建立全国统一的居家护理服务质量评估标准，加强对服务机构的监管，确保服务质量的一致性。

护理人才短缺：目前，护理人才短缺是居家护理服务领域的普遍问题。解决方案包括加大对护理人才的培养力度，提高其专业水平；同时，采用多元化的服务模式，吸引更多志愿者和社工参与居家护理服务。

信息安全和隐私问题：居家护理服务涉及大量个人健康信息，存在信息安全和隐私问题。解决方案是建立健全的信息管理制度，加强信息加密和存储安全，同时制定相关法律法规，保障老年人的信息隐私权。

家庭经济负担：一些老年家庭可能难以承担居家护理服务的费用。解决方案包括建立财政支持政策，提供贴息或减免服务费用的措施，确保居家护理服务更多地惠及低收入老年家庭。

技术普及和老年人接受度：部分老年人可能对新技术的接受度较低，影响居家护理服务的推广。解决方案包括加强对老年人的技术培训，设计更易操作、贴合老年人需求的技术产品，提高其接受度。

（四）发展方向与建议

推动立法和政策支持：加强居家护理服务领域的立法工作，制定相关政策，明确服务标准、质量要求和法律责任。同时，争取更多的政府支持，为居家护理服务提供财政和政策支持。

加强人才培训和引进：增加对护理人才的培训力度，提高其专业水平。引进更多专业的医护人员和护理人员，建立专业的团队，提高居家护理服务的专业化水平。

推动信息技术创新：加大对信息技术在居家护理服务中的应用研究和推广力度。借助先进的技术手段，提高服务的智能化水平，提供更便捷、高效的居家护理服务。

建立服务质量评估体系：建立全国统一的居家护理服务质量评估体系，加强对服务机构的监管力度，确保服务质量的一致性。鼓励服务机构自发进行服务质量的内部评估，形成双重保障。

提高社会参与度：加强与社区、志愿者组织的合作，推动社会参与居家护理服务。通过组织社区活动、拓展社交网络，鼓励更多志愿者参与服务，打造社区共建共享的居家护理服务模式。

开展宣传与教育活动：进行广泛的宣传与教育活动，提高社会对居家护理服务的认知度和接受度。通过媒体、社区讲座、健康教育等形式，普及居家护理服务的知识，引导老年人和家庭更主动地选择居家护理服务。

建立多元化的资金支持体系：推动建立多元化的资金支持体系，包括政府财政支持、社会捐赠、医疗保险支付等多方面渠道。确保居家护理服务的经济可持续性，缓解老年人和家庭的经济负担。

加强国际合作与经验交流：借鉴国际先进经验，加强与其他国家在居家护理服务领域的合作与经验交流。通过国际合作，引进先进技术和管理经验，提升我国居家护理服务的水平。

居家护理服务是适应老龄社会发展的必然选择，其基本原则和目标直接关系到老年人的健康幸福和社会的可持续发展。在制定和实施居家护理服务政策时，需要充分考虑老年人的个体差异、需求特点以及家庭和社区的支持体系。同时，通过加强人才培训、推动信息技术创新、建立服务质量评估体系等手段，逐步解决居家护理服务面临的挑战，确保服务能够更充分地满足老年人的多样化需求，为构建全面、高效的老年服务体系贡献力量。在未来的发展中，政府、社会组织、医疗机构等多方应共同努力，为推动居家护理服务的发展创造更加良好的环境。

二、护理服务中的老年人需求评估与个性化计划

随着人口老龄化进程的不断推进，老年人的护理需求日益凸显，如何进行科学、全面的老年人需求评估，并制定个性化的护理计划，成为提高老年人生活质量、满足个体差异的重要环节。本部分将深入探讨护理服务中的老年人需求评估与个性化计划的理念、方法以及实际操作，为构建更人性化、有效的老年护理服务提供参考。

（一）老年人需求评估的理念与原则

尊重个体差异原则：老年人群体具有多样性，每位老年人的健康状况、生活方式、社会背景各部相同。在需求评估中，应始终尊重老年人的个体差异，充分考虑其个性化需求，不采用一刀切的标准，确保评估的客观性和科学性。

全面综合评估原则：需求评估应全面、综合地考虑老年人的生理、心理、社会等多方面的需求。包括身体健康、精神状态、居住环境、社会关系等因素，从多个维度获取信息，为制定全面的护理计划提供充足的依据。

家庭参与原则：家庭在老年人的护理中扮演着重要角色，需求评估中应充分考虑家庭的实际情况和支持能力。与家庭成员进行沟通，了解他们的期望和需求，使家庭成为护理服务的有力合作伙伴。

定期评估与调整原则：老年人的需求是动态变化的，随着健康状况、生活环境的

变化，需求也会发生变化。因此，需求评估不是一次性的工作，而是需要定期进行，并根据评估结果及时调整护理计划，以保证护理服务能持续满足老年人的需求。

（二）老年人需求评估的方法与工具

面谈与观察法：护理人员可通过与老年人面谈，倾听他们的意见、感受和期望。同时，通过观察老年人的生活状态、行为表现，获取更直观的信息。这种方法能够深入了解老年人的个体差异和需求特点。

问卷调查与量表评估：设计专业的老年人需求问卷或采用标准化的量表进行评估，以客观的数据量化老年人的需求水平。常用的包括生活质量评估、认知功能评估、抑郁症状评估等工具，有助于更系统地了解老年人的健康状况。

家庭访视与环境评估：护理人员可以进行家庭访视，了解老年人的居住环境、生活方式、居家设施等情况。通过环境评估，发现潜在的安全隐患和改善空间，为提供更合适的居家护理服务提供依据。

社会关系网络分析：通过分析老年人的社会关系网络，了解他们的社交圈、亲友支持等情况。这有助于评估老年人在社会中的融入程度，为提供相应的社会支持和心理护理服务提供依据。

医学检查与健康档案分析：利用医学检查结果和老年人的健康档案，了解其患有的疾病、慢性病状况、用药情况等。这有助于护理人员更全面地了解老年人的生理健康状况，为医疗护理提供有力支持。

（三）个性化护理计划的制定与实施

明确护理目标与优先级：在需求评估的基础上，制定个性化护理计划时应明确护理目标，根据老年人的需求确定优先级。将护理目标分解为具体的行动计划，确保护理服务有针对性和有效性。

制定全面的护理计划：个性化护理计划应全面考虑老年人的生理、心理、社会等多方面需求。除了基本的医疗护理外，还应包括心理健康支持、社交活动、康复训练等多层面的服务，以提供更全面的关爱。

家庭护理团队的构建：个性化护理计划应充分利用老年人身边的家庭资源，构建家庭护理团队。明确家庭成员的职责和参与程度，使护理服务能够与家庭支持相互衔接，通过与家庭密切合作，实现全方位的护理服务。

设立紧急应对机制：针对老年人可能面临的突发情况，个性化护理计划应设立紧急应对机制。明确紧急联系人、紧急救护措施，提高对老年人突发情况的处理效率，确保及时应对各类意外状况。

定期评估与调整：个性化护理计划需要定期评估，以确保其符合老年人变化的需求。定期的评估有助于发现潜在问题、调整护理方案，并根据老年人的实际情况进行及时的个性化调整，保持护理计划的持续适应性。

充分沟通与共享决策：在制定和实施个性化护理计划的过程中，护理人员应与老年人及其家庭充分沟通，了解他们的期望和意愿。通过共享决策，提高老年人对护理计划的认同感，使其更积极主动地参与护理过程。

技术支持的整合：利用现代技术手段，整合信息技术在个性化护理计划中的应用。通过健康管理APP、远程监测设备等技术工具，实现老年人健康数据的实时监测，为其提供更精准的个性化护理服务。

（四）个性化护理计划的实际操作挑战与应对策略

家庭合作不足：部分老年人可能存在家庭支持不足的情况，缺乏家庭合作的基础。在此情况下，护理人员应积极引导老年人亲属的参与，说服他们成为护理团队的一员，通过专业的培训提高他们的护理能力。

老年人个体差异大：由于老年人个体差异的复杂性，制定个性化护理计划可能面临难以把握的挑战。护理人员应注重与老年人的充分沟通，通过多方位的评估手段获取详细信息，确保个性化护理计划的科学性和全面性。

信息技术普及不足：部分老年人可能对信息技术的接受度较低，导致个性化护理计划中技术支持难以实施。护理人员应在技术引入时进行详细解释和培训，确保老年人和家庭对技术支持有较为清晰的了解和认知。

紧急应对机制不健全：在制定个性化护理计划时，可能存在对紧急应对机制的忽视。护理人员应提前设定紧急应对预案，与老年人及其家庭充分沟通，保证在紧急情况下能够迅速、有序地应对。

多部门协同不足：由于老年人需求多样，涉及多个专业领域，不同部门之间协同不足可能成为制定个性化护理计划的一大难题。护理人员应主动促进多部门协同合作，建立跨专业的沟通机制，确保老年人得到全方位的支持。

（五）展望与建议

发展智能化辅助工具：随着人工智能和大数据技术的不断发展，可以引入智能化辅助工具，通过数据分析预测老年人的需求，为护理人员提供更科学的个性化护理建议。

强化护理人员培训：为提高护理人员制定个性化护理计划的专业水平，可加强相关培训，提高其对老年人需求评估方法和工具的熟练应用能力。

加强信息技术推广：针对老年人信息技术接受度的问题，可加强社会宣传，提高老年人对信息技术的认知，推动信息技术在护理服务中的广泛应用。

倡导跨部门合作：通过政府主导或社会组织推动，倡导多部门协同合作，形成老年人需求评估与个性化护理计划的跨领域整合服务体系。

建立个性化护理计划标准：通过研究和实践，逐步建立个性化护理计划的标准和指南，为护理人员提供规范的操作指引，保证个性化护理计划的质量和可操作性。

老年人需求评估与个性化护理计划的制定是提高老年护理服务质量、满足个体差异的重要环节。在理念上，应坚持尊重个体差异、全面综合评估、家庭参与、定期评估与调整的原则，确保评估和护理计划的科学性和全面性。在实际操作中，通过面谈与观察、问卷调查与量表评估、家庭访视与环境评估、社会关系网络分析、医学检查与健康档案分析等多种方法，获取老年人多层次的需求信息。

个性化护理计划的制定应明确护理目标与优先级，全面考虑老年人的生理、心理、社会等多方面需求。在实际操作中，面对老年人个体差异大、家庭合作不足、信息技术普及不足等挑战，可通过家庭护理团队构建、明确紧急应对机制、倡导跨部门合作等方式加以解决。未来，可以发展智能化辅助工具、强化护理人员培训、加强信息技术推广、建立个性化护理计划标准等手段，进一步推动老年人需求评估与个性化护理计划的发展。

综上所述，老年人需求评估与个性化护理计划的实施需要综合运用多种方法，注重个体差异，强调全面综合评估，倡导家庭和多部门的合作，提高护理服务的科学性和个性化水平，以更充分地满足老年人的多样化需求，促进老年人的健康和生活质量。

三、居家护理服务的效果评估与改进策略

随着社会老龄化的不断加剧，居家护理服务作为一种灵活、个性化的护理模式，逐渐成为解决老年人长期护理需求的有效途径。然而，为确保居家护理服务的质量和效果，必须建立科学的评估体系，并根据评估结果不断改进服务策略。本部分将探讨居家护理服务的效果评估方法，分析可能面临的问题，并提出相应的改进策略，以推动居家护理服务的可持续发展。

（一）居家护理服务的效果评估方法

生活质量评估：通过问卷调查、面谈等方式，了解老年人在居家护理服务下的生活满意度、幸福感和日常生活自理能力。常用的生活质量评估工具包括 SF-36 生活质量问卷、老年人生活质量指数等。

健康状况评估：通过医学检查、生理指标监测等手段，评估老年人的身体健康状况。包括慢性病管理、药物依从性、体重指数等指标，用科学数据反映居家护理服务对老年人健康的影响。

心理健康评估：利用抑郁症状量表、焦虑量表等工具，评估老年人的心理健康状况。关注老年人的心理需求，及时发现并干预可能存在的心理健康问题。

社交支持评估：通过社交网络分析、社交支持量表等方式，了解老年人在居家护理服务中的社交关系、社区参与度等情况。评估社交支持的水平，帮助老年人更好地融入社会。

家庭满意度评估：对家庭成员进行满意度调查，了解他们对居家护理服务的满意度和期望。因居家护理服务的家庭化特点，家庭满意度对服务效果的评估至关重要。

（二）可能面临的问题与挑战

服务质量不均衡：由于护理人员水平和服务质量的不同，可能导致居家护理服务的质量不均衡。一些老年人可能得到了高质量的服务，而另一些可能受到了较差的服务。

信息沟通不畅：由于老年人和护理人员之间的沟通障碍，可能导致服务的不准确和不及时。老年人的实际需求未能得到有效传达，影响了服务的针对性和个性化。

人员短缺与高龄化：护理人员短缺和高龄化可能影响服务的及时性和专业性。老年护理工作者的培训水平不足，可能导致服务质量无法达到预期水平。

技术支持不足：在居家护理服务中，技术支持的不足可能导致信息管理不善，远程监测设备和信息技术工具的应用水平较低，影响服务的科学性和智能化。

（三）居家护理服务效果评估的改进策略

建立绩效评估机制：设立居家护理服务的绩效评估机制，通过服务质量、服务满意度等指标，对不同护理服务机构和护理人员进行绩效评估。鼓励和奖励服务质量优秀的机构和个人，推动整个行业的提升。

加强培训与技术支持：针对护理人员，提供系统的培训，提高其专业水平和服务技能。同时，加强信息技术的推广和应用，提供必要的技术支持，使护理人员能够更有效地利用技术手段进行服务。

推动信息共享与沟通：建立老年人、护理人员和家庭成员之间的信息共享平台，促进信息的及时传递和沟通。利用移动应用、互联网平台等手段，提高信息的透明度和可及性。

加强家庭参与与教育：鼓励家庭成员参与护理服务，并提供相关的培训和教育。增强家庭居家护理服务的理解和配合，使其成为护理服务的重要合作伙伴。

建立服务回馈机制：建立老年人和家庭的服务反馈机制，定期收集他们的意见和建议。通过定期的满意度调查，了解服务的不足，及时调整和改进服务策略。

推动跨部门合作：在居家护理服务中，可能涉及多个部门和机构，包括医疗机构、社会服务机构、居家服务机构等。推动这些部门之间的协同合作，共享信息、资源和服务，提高服务的一体化性和综合性。

建立科学评估标准：制定科学、客观的评估标准，包括服务质量、老年人生活质量、健康状况等多个方面。这有助于确保评估的客观性和公正性，促进居家护理服务的可持续发展。

利用大数据分析：运用大数据技术，对居家护理服务的效果进行深度分析。通过大数据分析，可以挖掘潜在的服务问题和优势，为改进服务提供更具针对性的建议。

建立社会监督机制：建立由社会各界参与的居家护理服务监督机制，包括老年人权益组织、社会团体等。他们可以对服务进行独立评估，提出改进建议，并监督服务机构和护理人员的履职情况。

（四）居家护理服务的未来发展方向

智能化和科技化：引入智能化和科技化手段，如远程监测、人工智能辅助诊断等。这将提高居家护理服务的智能化水平，更高效地满足老年人的健康管理需求。

强化社会支持：加强社会支持体系的建设，形成社区、家庭、机构三位一体的服务模式。促进老年人在社会中的融入，提高其生活质量。

建立标准化服务体系：制定居家护理服务的标准和规范，建立全国范围内的服务体系。确保居家护理服务的一致性和可比性，提升整个行业的服务水平。

推动医养结合：加强医疗机构与居家护理服务机构的合作，实现医养结合。通过整合医疗资源，提供更全面、专业的医疗护理服务。

注重专业队伍建设：加强护理人员的培训与提升，形成高水平的专业队伍。通过建立专业资格认证制度，提高护理服务的专水平。

推动政策优化：积极争取政府支持，推动政策的优化和完善。为居家护理服务提供更多的政策支持，包括财政补贴、税收优惠等，促进其可持续发展。

居家护理服务是适应老龄社会发展的重要举措，但其效果评估与改进策略直接关系到服务的质量和老年人的生活质量。通过建立科学的评估方法，对可能的问题提出改进策略，更好地促进居家护理服务的可持续发展。

在未来，随着科技的不断创新和社会对老年服务需求的不断增长，居家护理服务将迎来更多的发展机遇。通过智能化、科技化的手段，以及加强社会支持、优化政策等方面的努力，将有望提升居家护理服务的质量和覆盖面，更好地满足老年人的多样化需求，为构建健康、幸福的老年生活奠定坚实基础。

第三节　老年日间照料服务的模式与效果

一、日间照料服务的服务内容与安排

随着社会老龄化的加剧，老年人日间照料服务作为一种重要的社会养老服务模式，受到越来越多的关注。这种服务模式旨在为居住在家中的老年人提供白天的关怀、康复、社交和娱乐等多方面的支持。本部分将探讨日间照料服务的服务内容与安排，旨在深入了解这种服务模式如何满足老年人的需求，提升其生活质量。

（一）日间照料服务的服务内容

社交活动：为老年人提供丰富多彩的社交活动，包括群体康复运动、手工艺制作、文艺演出、茶话会等。通过社交活动，促进老年人之间的交流与合作，缓解他们的孤独感，增进社交关系。

康复训练：针对老年人的健康状况，提供个性化的康复训练方案。包括生活自理能力的提升、运动康复、认知训练等，维持或提高老年人的身体功能和生活质量。

心理支持：提供专业的心理支持服务，包括心理咨询、心理健康教育等。通过心理支持，帮助老年人缓解心理压力、调整情绪，提高心理健康水平。

营养膳食：提供均衡营养的餐饮服务，满足老年人的膳食需求。特别关注特殊病患群体，提供适宜的饮食方案，确保老年人的身体健康。

医疗护理：配备专业的医护人员，提供基本的医疗服务。包括健康检查、药物管理、生命体征监测等，确保老年人在日间照料服务中得到基本的医护保障。

生活辅助：协助老年人进行基本的生活活动，如洗漱、更衣、如厕等。提供物理上的支持，保证老年人的生活能够在日间照料服务中得到顺利展开。

文化娱乐：安排文化娱乐活动，如书法、绘画、音乐欣赏、文学阅读等。通过文化娱乐，激发老年人的兴趣爱好，提高其精神层面的满足感。

交通接送：提供老年人的接送服务，确保他们能够方便、安全地到达日间照料服务中心。这项服务有助于解决老年人出行的难题，提高服务的可及性。

（二）日间照料服务的服务安排

服务时间：通常日间照料服务的服务时间为白天，具体时间安排根据服务中心的运营模式而有所不同，但一般包括上午至下午的时间段。这样的时间安排有助于老年人在白天获得全方位的关爱和服务。

服务频率：可根据老年人的需求和实际情况，安排不同的服务频率。有的老年人可能需要每日参与，而有的可能选择每周或每月的参与频率，以满足个体差异。

服务形式：日间照料服务可以以固定的服务日程为主，也可以提供弹性的服务形式。弹性的服务形式可以更灵活地满足老年人和家庭的个性化需求，例如提供全天、半天或按小时的服务。

服务组织：服务中心可以组织老年人成小组进行活动，以促进社交互动。同时，也可以根据老年人的健康状况，将他们分成不同的组别，提供个性化的康复训练和医疗护理服务。

服务地点：日间照料服务的服务地点通常设立在社区中心、医疗机构或专门的服务机构。这样的设置有利于老年人的参与，同时方便专业医护人员和康复设施的配备。

费用结构：日间照料服务的费用结构可以根据提供的服务内容和服务频率而有所不同。一般来说，服务费用可能包括康复训练、餐饮、医疗护理等多个方面，费用的透明性和合理性对老年人和家庭至关重要。

服务评估：日间照料服务应建立服务评估机制，通过定期的服务评估，了解老年人对服务的满意度和需求变化，及时调整服务内容和安排，以提供更贴近老年人实际需求的服务。

（三）日间照料服务的实施挑战与应对策略

人员培训与专业性不足：部分服务机构可能面临护理人员专业水平不高、培训不足的情况。为了解决这一问题，服务机构应加强人员培训，提高护理人员的专业水平，确保他们具备应对老年人多样化需求的能力。

服务质量不均衡：不同服务机构之间服务质量存在差异，一些机构可能因资源不足而无法提供高质量服务。建立服务评估机制，推动服务机构透明公开服务质量信息，有助于老年人和家庭选择适合自己的服务机构。

服务费用高昂：部分老年人可能由于经济原因难以负担日间照料服务的高昂费用。服务机构可以探索多元化的资金来源，争取政府支持、社会捐赠，以降低服务费用，提高服务的可及性。

社区服务不足：有些地区可能缺乏日间照料服务机构，导致老年人难以获得所需服务。建立更多的社区服务中心，覆盖更广泛的区域，以便老年人更便捷地获得日间照料服务。

医疗护理不够全面：部分服务机构可能在医疗护理方面存在不足，无法提供全面的医疗支持。建立与医疗机构的合作机制，确保老年人在服务中心获得全面的医疗护理，维护其身体健康。

服务内容单一：部分服务机构可能过于注重康复训练，服务内容较为单一，无法满足老年人多层次的需求。服务机构应提供多样化的服务内容，包括社交活动、文化娱乐等，以全面关照老年人的身心健康。

（四）未来日间照料服务的发展方向

多元化服务内容：日间照料服务应注重提供多元化的服务内容，包括康复训练、社交活动、文化娱乐、心理支持等。通过多元化服务内容，更好地满足老年人的个性化需求。

科技与智能化：引入科技和智能化手段，如远程监测、智能康复设备等。这有助于提高服务的科技含量，提升服务的智能水平，更好地满足老年人的健康管理需求。

强化社区服务：加强社区服务中心的建设，推动服务向社区延伸。通过建设更多的社区服务中心，使服务更贴近老年人的居住地，提高服务的便捷性和可及性。

建立绩效评估机制：建立服务机构的绩效评估机制，对服务机构的服务质量、老年人满意度等方面进行定期评估。通过绩效评估，推动服务机构提升服务水平，提供更优质的日间照料服务。

跨部门合作：推动不同部门间的合作，包括卫生健康部门、社会福利部门等。通过跨部门合作，整合资源，形成系统的服务体系，提供更全面、专业的日间照料服务。

创新服务模式：鼓励服务机构创新服务模式，包括提供上门服务、线上服务等。通过创新服务模式，满足老年人多样化的服务需求，更好地适应社会发展和老龄化趋势。

日间照料服务作为一种关怀老年人的社会养老服务模式，在满足老年人白天需求、提升生活质量方面具有独特的优势。通过提供丰富多样的服务内容，合理安排服务时间和频率，解决服务中可能面临的挑战，日间照料服务有望在未来更全面地满足老年人的多层次需求，为他们提供更全面、专业的关爱和支持。

二、老年人参与日间照料服务的心理与社交效益

随着社会老龄化的不断加剧，老年人参与日间照料服务成为缓解老龄人口的养老压力、提高老年人生活质量的有效途径之一。除了提供基本的生活照料外，日间照料服务更注重老年人的心理和社交需求。本部分将深入探讨老年人参与日间照料服务的心理与社交效益，探讨在在这种服务模式下如何促进老年人的心理健康和社交互动，提升其生活满意度。

（一）心理效益

减缓孤独感：许多老年人由于丧偶、子女迁徙等原因，面临着孤独感的困扰。参与日间照料服务提供的社交活动和群体康复训练有助于老年人拓展社交圈子，减轻孤独感，增强生活的幸福感。

提高自尊心：随着年龄的增长，一些老年人可能感到自尊心下降。在日间照料服务中，他们通过参与各种活动，展示自己的能力，得到他人的认可，从而提高自尊心，塑造积极的自我形象。

促进认知能力：日间照料服务通常提供认知训练活动，如智力游戏、学习小组等。通过这些活动，老年人可以锻炼大脑，促进认知能力的提高，对延缓认知衰退起到积极的作用。

缓解抑郁和焦虑：孤独感、自我认知下降等因素可能导致老年人出现抑郁和焦虑。而参与日间照料服务中的心理支持和娱乐活动，有助于缓解情绪，提升心理健康水平。

增强生活意义感：通过参与各种有益的活动，老年人感受到生活的丰富多彩，获得成就感和满足感，从而增强对生活的积极态度，提升生活的信服度。

（二）社交效益

建立社交网络：参与日间照料服务为老年人提供了一个建立社交网络的平台。他们通过结识新朋友，分享生活经验，建立深厚友谊，拓展了社交圈子。

促进亲子关系：对一些老年人而言，子女可能因工作原因无法陪伴在身边。而参与日间照料服务，尤其是在活动中与子女共度时光，有助于促进亲子关系，弥补亲子之间的感情缺失。

增进社区融入感：通过参与社区性的日间照料服务，老年人能够更好地融入社区生活，参与社区活动，加强与社区其他居民的联系，增强对社区的归属感。

共享生活经验：在日间照料服务中，老年人有机会与同龄人分享生活经验、故事和智慧。这种社交互动有助于建立紧密的群体关系，共同面对老年生活中的各种挑战。

提供心理支持：社交活动不仅是娱乐，也是一种心理支持的途径。在日间照料服务中，老年人能够相互倾诉、分享心情，得到他人的理解和鼓励，在困难面前更好地调适情绪，提高心理韧性。

促进社会参与：参与日间照料服务使老年人更积极地参与社会活动，不仅有助于保持社交能力，还为社区提供了丰富的老年资源。这促进了跨代、跨社会层面的互动和交流。

创造互助机会：在日间照料服务中，老年人之间可以形成互助的关系，彼此照顾和支持。特别是对一些生活能力较弱的老年人，社交互动成为他们获得实际帮助和关心的途径。

（三）实施日间照料服务的建议与策略

个性化服务计划：制定个性化的服务计划，根据老年人的兴趣爱好、健康状况和需求，提供相应的心理和社交活动。个性化服务有助于更好地满足老年人的需求，提高他们参与积极性。

专业心理辅导团队：引入专业的心理辅导团队，为参与者提供心理咨询服务。这有助于及时发现和处理老年人的心理问题，提供个性化的心理支持，增强其心理健康水平。

鼓励家庭参与：鼓励老年人的家庭成员参与日间照料服务中的一些活动，特别是与老年人相关的康复训练和文化娱乐活动。这不仅有助于促进亲子关系，还能提供更为贴心的服务。

定期评估服务效果：建立定期的服务效果评估机制，通过问卷调查、座谈会等形式，了解老年人对服务的满意度和建议，根据评估结果及时调整服务内容和活动安排。

建立社交平台：利用现代科技手段，建立老年人社交平台，促进在线社交互动。这种方式可以弥补老年人因为交通或其他原因无法参与实地活动的不足，为他们提供更灵活的社交机会。

开展志愿者服务：引入社区志愿者，组织志愿者与老年人开展社交活动、陪伴服务。志愿者的参与不仅能够提供额外的社交资源，还有助于构建社区关爱网络。

（四）未来展望

老年人参与日间照料服务的心理与社交效益是老龄服务体系中一个重要的方面。未来，随着科技的不断创新和社会对老年服务需求的不断变化，可以期待以下发展趋势：

智能化社交服务：引入智能化技术，开发老年人友好型的社交应用，促进老年人在线社交。这有助于克服地理和交通上的限制，提供更多元的社交机会。

跨代社交平台：建立更多跨代社交平台，让不同年龄段的人可以在一起参与各类活动。这有助于打破年龄壁垒，促进跨代社交互动，使老年人更好地融入社会。

整合心理健康服务：将心理健康服务纳入日间照料服务的标配，建立更完善的心理健康支持体系。通过心理咨询、心理治疗等方式，更全面地关注老年人的心理需求。

强化家庭支持：加强对老年人家庭的支持，鼓励家庭成员一同参与日间照料服务。通过培训和支持，使家庭成为老年人心理和社交支持的延伸。

社交创新项目：推动社会创新项目，鼓励社区和企业参与开展创新的心理与社交服务项目。这有望为老年人提供更多元、有趣的参与机会，调动他们的积极性。

通过不断创新和完善日间照料服务，将心理与社交效益纳入服务考量的核心，有望为老年人提供更全面、更贴心的关爱和支持，助力他们在晚年过上更加充实、健康的生活。

三、日间照料服务对老年人生活质量的长期影响

随着社会老龄化的不断加剧，老年人生活质量的提升成为社会关注的焦点。日间照料服务作为一种社会养老服务模式，以其综合性、关爱性的特点，对老年人的生活质量产生着深远的影响。本=节将探讨日间照料服务对老年人生活质量的长期影响，从心理、社交、健康等多个维度剖析其积极作用，并为其未来发展提出宝贵建议。

（一）心理健康与生活质量

减轻心理压力：长期参与日间照料服务的老年人往往能够在服务中找到情感支持和社交互动，有助于缓解心理压力。通过参与各类活动，老年人能够更好地调节情绪，建立积极的心态，提高生活质量。

增加生活乐趣：日间照料服务提供了丰富多彩的文娱和社交活动，老年人通过参与这些活动能够找到生活的乐趣。不仅能够满足老年人的兴趣爱好，还能够激发他们对生活的热情，提升整体生活体验。

提升自尊心和自信心：长期参与日间照料服务的老年人通常会在服务中得到他人的认可和鼓励，建立起对自身价值的正面认知。这有助于提升老年人的自尊心和自信心，使他们更积极地面对生活中的各种挑战。

防范抑郁和孤独：长期孤独感和缺乏社交支持是导致老年人抑郁的重要原因之一。而参与日间照料服务能够打破老年人的孤独状态，建立起社交网络，降低抑郁风险，提升生活质量。

（二）社交互动与生活质量

建立社交支持网络：日间照料服务提供了一个社交平台，老年人在这里可以结识志同道合的朋友，建立紧密的社交支持网络。这种社交互动不仅丰富了老年人的生活，还在他们面临问题时提供了实际的帮助。

促进亲子关系：部分日间照料服务活动会鼓励老年人的子女一同参与，这有助于加强亲子关系。共同参与各类活动，不仅拉近了亲子间的距离，还促进了家庭成员之间的交流与理解。

社区融入感提升：通过参与社区性的日间照料服务，老年人能够更好地融入社区生活。与社区其他居民建立联系，参与社区活动，使老年人更有归属感，生活质量得以提升。

促进社会参与：长期参与日间照料服务的老年人更有可能积极参与社会活动，为社会做出贡献。这种积极的社会参与感不仅对老年人自身的生活质量有益，也对社会有积极的影响。

（三）健康状况与生活质量

康复训练提升生活自理能力：日间照料服务通常包括康复训练，通过锻炼身体，提高老年人的生活自理能力。长期参与这类训练，老年人能够维持良好的生理状态，生活更加独立，生活质量得到改善。

医疗护理提高健康水平：部分日间照料服务机构提供基本的医疗护理服务，包括监测生命体征、定期体检等。这有助于及早发现和处理潜在的健康问题，提高老年人的健康水平和生活质量。

疾病管理和预防：在日间照料服务中，老年人能够获得相关的健康教育，了解慢性疾病的管理方法和预防知识。通过定期的健康指导，老年人更有可能采取积极的生活方式，降低慢性疾病发病风险，提高生活质量。

药物管理与健康监测：部分老年人可能面临多药并用的情况，而在日间照料服务中，专业护理人员能够协助老年人进行药物管理，确保他们按时按量服药。同时，通过健康监测，老年人的健康状况能够得到及时跟踪，有助于提高健康水平。

（四）未来发展建议

多元化服务内容：未来的日间照料服务应更加注重提供多元化的服务内容，包括康复训练、文娱活动、医疗护理等。通过提供更全面、个性化的服务，满足老年人多层次的需求，提高服务的吸引力和实用性。

引入先进科技：利用先进科技手段，如远程医疗监测、智能健康管理系统等，提高服务的科技含量。这有助于更精准地了解老年人的健康状况，及时作出调整，提高服务质量和效果。

加强专业队伍培训：提高日间照料服务机构的专业水平，加强护理人员和心理健康专业人员的培训。这样能更好地满足老年人的多样化需求，提供更专业、贴心的服务。

建立健康档案管理系统：建立老年人的健康档案管理系统，包括健康状况、用药情况、健康指导等信息。这有助于形成全面的健康管理方案，为老年人提供更精准的个性化服务。

拓展社区合作：与社区卫生机构、社会组织等建立更紧密的合作关系，形成社区养老服务网络。通过整合社区资源，提高服务的覆盖面和综合性，更好地满足老年人的养老需求。

加强家庭支持：鼓励和引导老年人家庭积极参与日间照料服务。通过培训和支持，使家庭成为老年人的支持系统，共同关心和照顾老年人的生活。

日间照料服务通过心理支持、社交互动和健康管理等多方面的努力，对老年人的生活质量产生了深远的影响。通过提供全面、个性化的服务,日间照料服务使老年人更好地融入社会,保持身心健康,提高生活满意度。在未来的发展中,需要进一步创新服务模式,引入科技手段,加强专业化培训,建立更为完善的服务体系,以更好地满足老年人的多样化需求,助力其晚年生活更加美满幸福。

第五章 老年社会工作的问题与挑战

第一节 老龄化社会的挑战与机遇

一、老龄化社会对社会结构与资源分配的挑战

随着全球人口老龄化趋势日益明显，老龄化社会已经成为当今社会重要趋势之一。这一趋势对社会结构和资源分配带来了深刻的挑战，影响着政府、家庭、社区等各个层面的运作。本部分将深入探讨老龄化社会对社会结构与资源分配的挑战，分析其影响因素，并提出应对之策。

（一）老龄化社会的定义与特征

1. 定义

老龄化社会，是指65岁及以上的老年人口占总人口比例显著增加，形成以老年人为主体的社会现象。国际上通常将老龄化社会划分为初老龄化（老年人口占比7%~14%）、中老龄化（14%~21%）和高龄化（老年人口占比21%以上）三个阶段。

2. 特征：

人口结构老龄化：老年人口比例上升，劳动年龄人口相对减少。

健康与养老需求增加：随着年龄的增长，老年人对医疗、养老服务的需求显著上升。

社会负担加重：养老金、医疗保障等社会福利支出压力加大。

（二）老龄化社会对社会结构的挑战

1. 家庭结构变迁

核心家庭减少：由于子女迁徙、单身老人增多，核心家庭结构减少，传统的多代同堂模式受到冲击。

家庭责任压力增大：子女需要同时照顾年迈的父母和自己的家庭，导致家庭责任压力增大，家庭功能发生转变。

2.劳动力市场压力

劳动力减少：老年人口占比上升导致劳动力市场的供给减少，可能影响国家的经济发展。

劳动力质量变化：部分老年人仍然活跃在劳动力市场，但其技能与年轻人相比存在差异，对产业结构和技术需求带来挑战。

3.医疗与社会服务需求

医疗资源不足：随着老年人口的增加，医疗服务需求激增，可能导致医疗资源不足，等待周期长，服务质量下降。

社会服务压力：需要提供更多的社会服务，包括长期照护、康复服务等，社会服务系统可能承受不住。

（三）老龄化社会对资源分配的挑战

1.养老金和社会福利压力

养老金支出增加：随着老年人口增多，养老金支出的压力显著增大，可能导致养老金体系的不稳定。

社会福利扩大：需要提供更多的社会福利服务，包括医疗、住房、交通等，对财政构成巨大负担。

2.医疗资源分配不均

医疗服务集中：大城市医疗资源相对丰富，而农村地区医疗服务相对匮乏，导致医疗资源分配不均。

专科医疗需求：随着老年疾病的增加，对专科医疗的需求上升，但专科医疗资源相对有限。

3.社会服务设施不足

养老院短缺：养老院和长期照护机构相对不足，老年人长期照护问题愈发突出。

老年人活动中心需求：需要更多的老年人活动中心、社区服务站点等，以满足老年人的社交和文娱需求。

（四）应对老龄化社会的策略与措施

1.促进家庭责任共担

建立多层次养老体系：完善社会养老保险体系，引导老年人参与商业养老保险，共同承担养老负担。

加强家庭支持政策：提供更多的家庭支持政策，包括税收优惠、灵活工时等，以减轻家庭照护的压力。

2.推动劳动力市场创新

提升老年劳动力素质：加强老年劳动力培训，提升其技能水平，更好地适应劳动力市场需求。

推动灵活就业：鼓励企业采用灵活用工模式，如远程办公、兼职等，更充分地利用老年人的工作经验和技能。

3.优化医疗资源配置

加强基层医疗服务：提升基层医疗服务水平，建设社区卫生服务中心，更好地满足老年人的基本医疗需求。

引导分级诊疗：推动医疗资源的分级诊疗，引导老年人就医选择更适宜的医疗机构，缓解大医院压力。

4.推动社会服务创新

鼓励社会组织参与：引导社会组织、志愿者机构等参与老年人服务，提供多样化的社会服务。

发展老年人社区活动中心：在社区建设老年人活动中心，提供文娱、健身、培训等服务，满足老年人多方面需求。

5.优化养老金体系

探索个人账户制度：引入个人账户制度，逐步完善多层次的养老保障体系，提高养老金的灵活性和可持续性。

延长退休年龄：针对健康状况良好的老年人，逐步延长退休年龄，推动老年人更长时间地参与劳动。

6.加强医疗卫生技术创新

推动远程医疗：发展远程医疗技术，提高老年人居家医疗服务水平，减缓解老年人就医压力。

鼓励医疗科技投资：支持医疗科技领域的创新和投资，提高医疗服务的效率和质量。

7.建设适老化社区

改造社区环境：适老化社区建设，包括改造老旧小区、修建无障碍设施等，提高老年人的居住便利性。

发展智慧养老：利用智能科技手段，构建智慧养老系统，为老年人提供更便捷的生活服务。

（五）结论与展望

老龄化社会对社会结构与资源分配带来多方面的挑战，需要全社会共同努力来应对。通过制定科学合理的政策，推动医疗、劳动力市场、社会服务等领域的创新发展，可以更好地满足老年人多层次的需求，保障其合法权益。未来，随着科技的不断发展和社会制度的进步，有望找到更多有效解决方案，使老龄化社会更好地适应和应对挑战，为每位老年人创造更为健康、幸福的晚年生活。同时，也需要社会各界加强协作，形成全社会共同关爱老年人的良好氛围，共同促进社会的全面发展。

二、老龄化社会带来的经济、医疗与社会服务压力

全球范围内老龄化社会的到来，标志着社会结构的深刻变革。老年人口的不断增加带来了经济、医疗和社会服务方面的巨大压力。本书将深入研究老龄化社会带来的经济、医疗与社会服务压力，分析其成因和影响，并提出应对策略。

（一）老龄化社会经济压力

1. 劳动力市场挑战

人口减少：随着老年人口的增加，劳动力市场的供给减少，可能导致生产力的下降，对国家经济发展产生负面影响。

技能匹配问题：部分老年人可能因技能不符合现代产业需求而难以重新进入劳动力市场，增加了劳动力市场的不适应性。

2. 社会保障财政压力

养老金支出增加：随着老年人口的增多，社会养老保险体系面临巨大的支出压力，可能导致养老金财政不平衡。

医疗费用增加：随着老年人的健康需求增加，医疗费用也将大幅上升，对社会医疗保障制度提出更高要求。

3. 消费结构变化

需求结构调整：随着人口老龄化，消费需求由生产性消费向消费性服务转变，对社会服务业的发展提出新的要求。

特殊产品市场：针对老年人的特殊需求，需要发展更多适老化产品和服务，促使相关产业的快速发展。

（二）老龄化社会医疗压力

1. 慢性病负担增加

多种慢性病并存：随着年龄的增长，老年人更容易同时患有多种慢性病，导致医疗系统面临更为复杂的治疗和管理难题。

长期医疗需求：老年人的医疗需求通常是长期的、综合性的，对医疗资源的稳定供应提出了更高要求。

2. 医疗资源不均衡

医疗机构集中：大城市医疗资源相对丰富，而农村地区医疗条件相对落后，老年人在医疗服务上面临较大的地域差异。

专科医疗需求：随着老年病症的增多，对专科医疗的需求大幅上升，但专科医疗资源相对紧缺。

3. 养老护理需求

长期照护压力：随着老年人口的增多，长期照护需求显著增加，而相关的养老护理资源相对不足。

家庭养老问题：家庭养老存在着负担重、资源不足等问题，可能导致老年人无法获得高质量的护理服务。

（三）老龄化社会的社会服务压力

1. 社会服务设施不足

养老院短缺：养老院和长期照护机构相对不足，老年人长期照护问题明显。

老年人活动中心需求：需要更多的老年人活动中心、社区服务站点等，以满足老年人的社交和文娱需求。

2. 社会服务人员不足

专业人才短缺：养老、医疗、康复等领域的专业人才相对不足，导致服务质量无法得到保障。

服务态度问题：部分社会服务机构的服务态度和水平可能无法满足老年人对关爱的需求。

3. 家庭关怀负担增大

子女照护困境：子女需要同时照顾老年父母和自己的家庭，导致家庭责任压力增大。

家庭养老难题：家庭养老可能因为缺乏专业知识和资源，难以提供老年人所需的全面照护。

（四）应对老龄化社会的策略与措施

1. 经济压力的应对策略

推动创新发展：通过科技创新、产业结构升级等手段，提升经济发展水平，缓解劳动力市场压力。

调整退休政策：适度延长退休年龄，以提高老年人参与劳动力市场的比例，增加劳动力供给。

2. 医疗压力的应对策略

优化医疗资源配置：加强基层医疗服务体系建设，提高农村地区医疗水平，缓解医疗资源不均衡问题。

发展远程医疗：推动远程医疗技术应用，提高老年人居家医疗服务水平，减轻医疗压力。

加强健康教育：通过健康教育，提高老年人健康意识，减少慢性病的发生，减轻医疗负担。

3.社会服务压力的应对策略

加强社会服务机构建设：提升养老院和长期照护机构的服务水平，增加社区活动中心等设施，满足老年人多层次需求。

拓展社会服务人才队伍：培养更多专业人才，提高社会服务人员的素质，保障服务质量。

鼓励社会参与：政府可以鼓励社会组织和志愿者积极参与老年人服务，构建多方共建、共享的社会服务体系。

4.家庭照护负担的应对策略

建立家庭支持体系：通过政策、税收等手段，鼓励家庭成员共同分担照护责任，构建亲情支持网。

提供家庭养老服务支持：支持家庭养老服务机构的发展，提供专业的上门服务，减轻家庭照护负担。

5.社会政策的综合应对

制定灵活的退休政策：根据老年人的健康状况和个人意愿，推动实行灵活的退休政策，鼓励老年人适度参与劳动力市场。

完善社会保障制度：调整养老金制度，确保养老金的可持续发展，提高社会保障水平。

加大对老年人的医疗、养老等领域的政策支持：制定并实施更多政策，鼓励和支持社会各界为老年人提供更多的医疗、养老、文化娱乐等服务。

老龄化社会带来的经济、医疗与社会服务压力是一个复杂而严峻的问题，需要政府、社会机构和个人共同努力。通过合理的政策引导、科技创新、社会参与等多方面的努力，可以更有效地应对老龄化社会带来的各种挑战。

未来，随着科技的不断发展，智能化、信息化等新技术将为老龄化社会的经济、医疗和社会服务提供更多解决方案。同时，社会需要更多关注老年人的需求，构建更为人性化、贴心的社会服务系统。只有通过全社会的共同努力，才能够为老年人创造一个更加健康、幸福、有尊严的晚年生活。在老龄化的挑战中，也隐藏着机遇，通过创新和改革，我们有望在老龄化社会中找到更多的发展新路径。

三、在老龄化社会中挖掘机遇与创新的路径

老龄化社会，是指65岁及以上的老年人口比例逐渐增加，成为社会总人口的显著特征。在这样的社会背景下，虽然面临一系列挑战，但也同时蕴藏着许多机遇和创新的可能性。本部分将探讨在老龄化社会中挖掘机遇与创新的路径，以应对老年人口的增长和社会变迁。

（一）健康与医疗创新

老龄化社会中，人们对健康和医疗的需求增加。因此，医疗科技和服务的创新至关重要。以下是一些可能的创新方向：

1. 远程医疗与健康监测

发展远程医疗技术，包括智能医疗设备、远程健康监测系统，使老年人能够在家中接受医疗服务，减轻医疗资源压力。

2. 智能康复设备

设计智能化康复设备，帮助老年人进行康复训练，提高生活质量。包括虚拟现实（VR）康复系统、智能步态辅助器等。

3. 老年疾病预防与治疗

加大对老年疾病如阿尔茨海默病、骨关节炎等的研究力度，推动新药研发，提高老年人的生活质量。

（二）智慧居住与社区创新

老龄化社会中，智慧居住和社区创新对提高老年人的生活质量至关重要。

1. 智能家居设备

智能家居设备能够满足老年人的生活需求，如智能照明、温控系统、健康监测设备等，提高生活便利性和安全性。

2. 社区互助网络

建立老年人互助网络，通过社区平台分享资源、提供帮助，促进社区共建共享，增强老年人的社会参与感。

3. 老年友好型城市规划

设计城市规划，考虑老年人的需求，包括无障碍交通、公共场所设施，打造更适宜老年人居住的城市环境。

（三）智能科技与老年人教育

智能科技可以为老年人提供更广泛的学习机会，促使他们持续参与社会。

1. 数字化教育平台

开发适合老年人的数字化教育平台,提供在线学习资源,帮助他们学习新技能、获取新知识。

2. 智能辅助工具

为老年人设计智能辅助工具,包括语音助手、智能导览系统,提高他们使用数字科技的便利性。

3. 跨代交流平台

创建跨代交流平台,促进老年人与年轻一代之间的交流,让他们能够尽情分享经验、参与社会活动。

(四)就业与创业机会

老龄化社会也为就业与创业提供了新的机会。

1. 老年人服务行业

发展老年人服务行业,包括陪护、康复辅助、社会工作等,创造更多就业机会。

2. 老年创业孵化器

设立专门的老年创业孵化器,支持有创业意愿的老年人,激发他们的创造力和创业潜力。

在老龄化社会中,挖掘机遇与创新的路径涉及健康医疗、智慧居住社区、智能科技与老年人教育、就业与创业机会等多个领域。通过创新,可以更充分地满足老年人的需求,促使他们更好地融入社会,享受更高质量的生活,同时,也为整个社会带来了新的经济增长点和社会发展动力。在不断变化的社会中,持续挖掘创新机遇,为老龄化社会的可持续发展贡献力量。

第二节 老年人权益保障与社会公平

一、老年人权益保障的法律体系建设

随着社会的不断发展和人口老龄化的加剧,老年人的生活状况和需求逐渐成为社会关注的焦点。为了保障老年人的权益,各国纷纷建立了一系列的法律体系,以确保老年人在社会、经济、文化等各个方面能够享有基本的权利和福利。本部分将探讨老年人权益保障的法律体系建设,从国际、国内两个层面进行阐述。

（一）国际层面的老年人权益保障法律体系

国际上，联合国作为一个全球性组织，在老年人权益保障方面发挥着重要作用。1991年，联合国通过了《关于老年人权利的全球行动计划》，明确提出了保障老年人权益的基本原则和措施。此后，联合国于2002年通过了《关于老年人权利的国际行动计划》，将老年人权益保障纳入全球议程中

在具体法律层面，1991年联合国通过了《关于老年人权利的全球行动计划》，该计划明确规定了老年人享有的基本权利，包括但不限于健康、居住、社会参与等方面的权利。此后，联合国于2011年通过了《关于老年人权利的国际行动计划》，进一步强调老年人在社会、文化、经济等领域中的权利，倡导各国加强对老年人的保障和关爱。

此外，联合国还通过了《禁止一切形式歧视妇女和老年妇女公约》等相关法律文件，明确规定老年妇女在各个方面的权利，包括但不限于教育、医疗、就业等。这些国际法律文件为各国制定老年人权益保障法律体系提供了重要的参考和指导。

（二）国内层面的老年人权益保障法律体系

在国内层面，我国政府通过了一系列法律法规，构建了比较完善的老年人权益保障法律体系。

1.《中华人民共和国老年人权益保障法》

我国于2013年颁布实施了《中华人民共和国老年人权益保障法》，该法旨在保障老年人的基本权利，包括经济权利、社会权利、文化权利等多个方面。该法规定了老年人的基本权益，明确了政府和社会的责任，为老年人的健康、居住、社会参与等提供了具体的保障措施。

2. 社会保障体系的建设

我国政府还通过建设社会保障体系来保障老年人的生活权益。社会保障体系包括养老保险、医疗保险、失业保险等多个方面，为老年人提供了全方位的保障。此外，中国还推动建设居家养老服务体系，提供便利的医疗、护理服务，使老年人能够在家庭中更安心地享受晚年生活。

3. 长者权益保护组织和机制的建立

我国政府还成立了长者权益保护组织和机制，专门负责监督和维护老年人的合法权益。这些机构通过法律手段，对侵害老年人权益的行为进行查处和制止，维护社会对老年人的尊重和关爱。

总体来说，国内老年人权益保障法律体系的建设在法律文件、社会保障体系和相关机构的配套上逐渐形成了一套相对完备的体系，为老年人提供了全方位的法律保障。

（三）存在的问题与改进方向

尽管老年人权益保障法律体系在国际和国内层面都取得了一定的进展，但仍然存在一些问题，需要进一步改进。

1. 法律体系的完善

有些国家和地区的老年人权益保障法律体系尚不够完善，一些权益得不到明确的法律保障。因此，需要进一步完善相关法律，明确老年人在医疗、长期护理、社会参与等方面的权益，确保老年人在各个方面都能够享有基本的人权。

2. 实施的有效性

有些法律虽然已经存在，但在实际执行中存在问题。政府和社会应当加强对老年人权益保障法律的宣传和培训，提高法律的知晓率和实施效果，确保老年人能够充分享有法律所赋予的权益。这包括提高老年人对法律的认知，强调法律在保护他们权益方面的重要性，同时提升法律执行机构的能力，确保法律得以有效执行。

3. 社会对老年人的尊重和关爱

除了法律体系，社会文化氛围对于老年人权益的保障同样至关重要。应加强老年人权益的宣传教育，促使社会更加关注和尊重老年人。建立多样化的社会参与机会，推动老年人在社会中发挥积极作用，减少对他们的歧视和忽视。

4. 应对人口老龄化的挑战

随着人口老龄化的不断加剧，老年人群体的需求也在不断增加。政府和社会应该及时调整和完善老年人服务设施，包括医疗、居住、交通等，以适应老年人群体的多样性需求。同时，加强对老年人的健康管理和疾病预防，提升老年人的整体生活质量。

5. 国际合作与经验分享

国际上不同国家在老年人权益保障方面有着各自的成功经验和教训。加强国际合作，学习借鉴其他国家的先进经验，可以更好地促进老年人权益保障法律体系的建设。通过国际交流，各国分享在老年人医疗、社会参与、文化活动等方面的最佳实践，共同应对老龄化社会带来的挑战。

综合来看，老年人权益保障的法律体系建设是一个综合性、长期性的过程。在国际和国内层面，需要不断完善法律法规，提高法律的执行效果，同时通过社会文化的引导，增强社会对老年人的尊重和关爱。在应对人口老龄化挑战的同时，国际合作与经验分享也十分重要。通过共同努力，可以构建一个更加完备、健康、尊重老年人权益的社会。

二、社会公平在老年社会工作中的重要性

随着全球人口老龄化的不断加剧，老年社会工作逐渐成为社会关注的焦点。在这

个背景下,确保老年人能够享有社会公平成为至关重要的任务。社会公平是指社会中每个人都有平等的机会、权利和资源,不论其年龄、性别、种族、经济地位等差异。在老年社会工作中,实现社会公平对于提高老年人的生活质量、促进社会和谐稳定具有深远的意义。本部分将从不同维度探讨社会公平在老年社会工作中的重要性。

(一)经济公平与老年福祉

1. 公平的养老金制度

经济公平在老年社会工作中的体现之一是建立公正合理的养老金制度。老年人往往在退休后生活依赖于养老金,因此,一个公平的养老金制度对老年人的福祉至关重要。社会工作者可以通过研究老年人的实际需求,倡导和参与制定更为合理的养老金政策,确保老年人在经济方面不受贫困困扰。

2. 促进就业机会的公平分配

为了实现老年人的经济公平,社会工作应该关注促进老年人的就业机会,并消除对老年人的年龄歧视。通过提供培训、创造友好的工作环境,社会工作者可以帮助老年人保持劳动力市场竞争力,维护其就业权益,确保老年人在经济上获得更踏实的安全感。

3. 税收和社会保障的公平性

社会工作还可以关注税收和社会保障政策的公平性。通过调整税收政策,确保富人和企业承担更多的社会责任,以支持老年人的福祉。同时,社会工作者可以倡导建立健全的社会保障制度,确保老年人能够获得足够的医疗、居住等基本保障,减轻其生活压力。

(二)教育与文化的公平

1. 提倡终身学习和老年教育

在老年社会工作中,教育公平是至关重要的一环。社会工作者可以倡导并推动终身学习的理念,提供给老年人获得教育的机会。通过开设老年教育课程,满足老年人对知识和技能的需求,帮助他们更快速地适应社会变化,提升生活质量。

2. 促进文化参与和传承

文化公平同样是老年社会工作的关键方面。社会工作者可以倡导社会文化资源的平等分配,确保老年人能够参与各类文化活动。此外,保护和传承老年人的文化遗产,帮助他们更好地参与社会生活,提高自尊和幸福感。

(三)社会服务的公平

1. 建立健全的社会服务体系

社会服务的公平对于老年人的福祉至关重要。社会工作者可以推动建立健全的社会服务体系，确保老年人能够获得公平的医疗、护理、社会支持等服务。包括优化医疗资源分布，提高基层医疗服务水平，以及建立多样化的社会支持机构，满足老年人多样化的需求。

2.关注弱势群体的需求

在社会服务中，社会工作者应特别关注老年人中的弱势群体，包括贫困老年人、残疾老年人、单身老年人等。通过制定有针对性的社会服务政策和项目，确保弱势老年人能够获得更多的关怀和帮助，实现更好的生活品质。

（四）社会关系的公平

1.反对老年歧视和孤独

社会工作需要积极反对老年歧视，倡导尊重和理解。通过教育社会大众，增强对老年人的尊重和关爱，社会工作者可以减少老年人在社会交往中的孤立感，促进跨代交流，强化亲子关系，有助于构建更加和谐的社会关系。

2.倡导社区参与和互助

社会工作者可以鼓励老年人积极参与社区活动，建立互助关系。通过组织社区活动、设立社区服务中心，社会工作者可以促进老年人之间的交流和合作，提高他们的社会融入感。

在老年社会工作中，社会公平是实现全体老年人福祉的基石。通过经济、教育、文化和社会服务等多个方面的公平努力，社会工作者可以为老年人创造一个更加平等、包容、尊重的社会环境。

（五）倡导社会认知和政策支持

宣传和教育：社会工作者可以通过各种媒体和社会活动，宣传关于老年人权益和需求的信息，促使社会更全面地了解老年人的价值和贡献。通过开展培训和宣传活动，提高公众对老年人的尊重和理解，减少年龄歧视。

政策倡导：社会工作者应积极参与政策制定和改革，争取老年人的权益。推动建立和完善相关法律法规，确保老年人在各个层面都能够获得公平的对待，包括医疗、养老金、社会服务等。

（六）社区建设和参与

建设老年友好型社区：社会工作者可以推动创建老年友好型社区，通过提供适宜的居住环境、便利的交通、丰富的社区活动，使老年人更容易融入社区，享受社区资源。

社区互助：鼓励和组织老年人自发组织的互助团体，分享经验、资源和情感支持。社会工作者可以帮助建立社区网，使老年人在面对困难时能够得到及时的帮助。

（七）技术与数字包容

数字素养培训：针对老年人的数字技术培训，使他们能够更好地利用现代科技，参与社会生活，享受数字化服务。社会工作者可以组织培训班，提供指导，帮助老年人更好地适应数字社会。

社交媒体和在线平台：创造一个老年人友好的社交媒体环境，使老年人能够通过网络平台分享自己的经历、建立社交关系，减轻可能存在的社交孤立感。

（八）心理健康和社交支持

心理健康服务：提供专业的心理健康服务，关注老年人的心理需求。社会工作者可以组织心理健康辅导、支持小组，帮助老年人更好地应对生活中的挑战。

社交活动：通过组织各类社交活动，如老年人俱乐部、文化沙龙等，为老年人提高一个结识新朋友、分享兴趣爱好的平台，降低他们社交孤立感。

在老年社会工作中，实现社会公平是确保老年人尊严、权益的关键。通过经济公平、教育文化公平、社会服务的公平以及社会关系的公平，社会工作者可以为老年人创造一个更加包容、尊重、公正的社会环境。这不仅有助于提高老年人的生活质量，也有益于社会整体的和谐与稳定。因此，社会工作者在老年社会工作中的角色至关重要，需要跨学科、跨部门的协同努力，共同建设一个适合老年人健康、幸福生活的社会。

三、促进老年人权益与社会公平的策略与措施

随着全球人口老龄化的不断深化，老年人群体的需求和权益保障成为社会关注的焦点。为了实现老年人的权益与社会公平，需采取一系列策略和措施，包括在经济、教育、医疗、社会服务等多个领域的干预和改进。本部分将综合从不同维度探讨促进老年人权益与社会公平的策略与措施。

（一）经济领域

建立公平的养老金制度：通过改革和完善养老金体系，确保老年人能够公平获得足够的养老金，减轻其经济压力。调整养老金发放标准，考虑老年人生活水平和医疗支出等因素，保障其基本生活需求。

促进就业机会的公平分配：反对年龄歧视，鼓励企事业单位为老年人提供灵活就业机会。通过提供技能培训、职业指导，帮助老年人保持就业能力，同时设立法规，明确反歧视的法律责任。

税收和社会保障的公平性：调整税收政策，确保富人和企业承担更多社会责任，为老年人提供更多的医疗、养老等社会服务。同时，建立完善的社会保障体系，确保老年人能够享受基本的医疗和社会福利。

（二）教育和文化领域

提倡终身学习和老年教育：制定和实施老年人教育政策，提供适合老年人的学习机会，包括文学、艺术、健康等多方面的培训。通过组织老年大学、社区学堂等，促进老年人不断学习，提高其综合素质。

促进文化参与和传承：支持和鼓励老年人参与各类文化活动，包括书法、绘画、音乐、舞蹈等。同时，保护和传承老年人的文化遗产，鼓励他们分享自身经历和知识，促进跨代文化传承。

（三）社会服务领域

建立健全的社会服务体系：完善社会服务网络，包括医疗、居住、护理等方面。通过增加社区卫生服务站点，提供定制化的居家养老服务，确保老年人能够获得贴心、全面的社会服务。

关注弱势群体的需求：针对贫困老年人、残疾老年人、单身老年人等弱势群体，制定有针对性的社会服务政策。加大对这些群体的援助和支持，保障其基本权益。

（四）社会关系领域

反对老年歧视和孤独：加强对老年歧视的宣传和教育，提高社会对老年人的尊重和理解。通过组织社区互助活动，减少老年人的社交孤立感，建立积极的社会关系。

倡导社区参与和互助：鼓励老年人积极参与社区事务，组织各类社区活动。通过社区互助组织，老年人可以分享资源、经验，共同应对生活中的困难，增强社会凝聚力。

（五）科技与数字包容

数字素养培训：提供老年人数字技术培训，帮助他们更有效地利用互联网、智能设备等现代科技资源。通过普及数字技能，老年人可以更积极地参与社会活动，享受数字化服务。

社交媒体和在线平台：创建老年人友好的社交媒体环境，使老年人能够通过在线平台分享经历、建立社交关系。通过提供简单易用的技术工具，帮助老年人更好地融入数字社会。

（六）心理健康和社交支持

心理健康服务：提供老年人心理健康服务，包括心理咨询、支持小组等。通过关注老年人的心理需求，帮助他们更快速地适应生活变化，提高生活满意度。

社交活动：通过组织各类社交活动，如老年人俱乐部、文化沙龙等，为老年人提供丰富的社交机会。这有助于减轻老年人的孤独感，增加社交互动，提高生活质量。

综合来看，促进老年人权益与社会公平需要多方面的综合策略和跨领域的合作。

（七）综合性社会政策

整合服务资源：制定整合各类社会服务资源的政策，确保老年人能够方便获得医疗、社区服务、文化娱乐等多方面的支持。通过建立统一的服务平台，老年人可以更便捷地获取所需的服务。

建立跨部门协作机制：建立政府、非政府组织、企业等多方参与的跨部门协作机制。通过协同合作，形成全社会共同关注老年人权益的合力，共同承担社会责任，推动老年人事务的全面发展。

（八）法律与制度建设

完善老年人权益法律体系：深化老年人权益相关法律法规，确保老年人在法律层面有明确的权益保障。法规可以包括对养老金、医疗保障、劳动权益等方面的明确规定，以及对年龄歧视的法律制裁。

建立监督机制：设立老年人权益监察机构，加强对老年人权益保障的监督。监察机构可以通过投诉处理、巡查评估等方式，监督政府和社会机构履行对老年人的义务，确保法律政策的有效实施。

（九）社会教育和意识提升

推动老年人权益教育：通过开展社会教育活动，提高社会对老年人权益的认知水平。可在学校、社区、媒体等多个平台推动老年人权益教育，使公众更加理解和尊重老年人的需求和价值。

倡导社会责任：强调社会责任感，鼓励企业、社会组织和个人积极参与老年人事务。通过奖励制度、荣誉表彰等方式，引导社会各界更加积极关心和支持老年人的权益。

（十）国际合作与经验分享

国际合作平台：加强与其他国家、国际组织的合作，分享老年人权益保障的最佳实践。通过国际交流，借鉴其他国家的成功经验，更好地应对老龄化社会的挑战。

跨文化理解：增加跨文化理解，了解不同文化背景下老年人权益的独特需求。通过与其他国家分享文化传统、养老制度等信息，促进全球老年人权益的共同发展。

总体而言，促进老年人权益与社会公平需要全社会的共同努力。从经济、教育、社会服务、法律制度到文化、科技等多个层面，都需要综合性的政策和措施。社会工作者、政府、企业、非政府组织等多方应携手合作，为老年人创造一个公正、尊严、充实的晚年生活环境。这不仅是对老年人权益的尊重，也是对社会公平价值观的真实体现。通过共同努力，我们能够建设一个更加人性化、关爱型的老年社会，让每位老年人都能享有公平和有尊严的晚年生活。

第三节　老年社会工作中的人力资源问题

一、老年社会工作人力资源的现状与需求

随着社会的不断发展和人口老龄化的日益加深，老年社会工作逐渐成为社会关注的焦点。老年社会工作人力资源的现状直接影响着对老年人群体的服务质量和社会养老体系的健康发展。本部分将就老年社会工作人力资源的现状进行分析，并提出对未来需求的探讨。

（一）老年社会工作人力资源的现状

1. 人口老龄化带来的挑战

随着医疗水平的提高和社会福利的增加，人口老龄化成为一个全球性问题。中国作为一个老龄化程度较高的国家，老年社会工作人力资源面临着更为严峻的挑战。老年人口数量的迅速增加使得社会工作人员需要面对更多样、更复杂的老年人需求，包括医疗护理、精神慰藉、心理支持等多方面的服务。

2. 专业化水平参差不齐

老年社会工作领域的专业化水平存在较大差异。一方面，一些城市和地区已经建立了相对完善的老年社会工作体系，拥有一批专业化水平较高的社会工作者。另一方面，一些农村地区和欠发达地区的老年社会工作相对滞后，专业水平相对较低，难以满足老年人多元化的需求。

3. 社会工作者短缺与流动性问题

老年社会工作领域面临着社会工作者短缺的问题。由于老年社会工作的特殊性和复杂性，需要具备专业知识和服务技能的社会工作者。然而，目前相关专业的培养相对不足，导致了社会工作者的短缺。同时，一些社会工作者由于工作环境、待遇等原因存在流动性问题，这也对老年社会工作的持续稳定提出了挑战。

（二）老年社会工作人力资源的需求

1. 多元化专业素养

随着老年人群体的多样性和需求的复杂性增加，老年社会工作人力资源需要具备更为多元化的专业素养。社会工作者不仅应具备社会工作的专业知识和技能，还需要了解老年医学、心理学、康复学等相关领域的知识，以更好地满足老年人全方位的服务需求。

2. 专业化培训与提升

为了提高老年社会工作人力资源的专业水平，需要建立完善的培训体系。包括设立相关的老年社会工作专业培训机构，制定相应的培训课程和标准，帮助社会工作者提升老年服务的专业技能等。同时，通过开展定期的学术交流和培训活动，推动老年社会工作领域的专业化提升。

3. 提升社会工作者的社会责任感

老年社会工作人力资源需具备较高的社会责任感。社会工作者应当积极投身老年服务，深入了解老年人的需求和困境，发挥专业优势，为老年人提供更加全面、精准的服务。这需要不仅仅是技能的提升，更需要培养社会工作者对老年人权益的深刻理解和社会责任的担当。

4. 创新服务模式和智能化辅助

老年社会工作人力资源需积极创新服务模式，利用现代科技手段提高服务效率和服务质量。例如，可以通过建立老年人健康档案系统、智能康复设备等，提供更为便捷、智能的服务。同时，结合社会工作的特点，探索线上线下相结合的服务模式，更好地满足老年人的需求。

5. 加强跨领域合作

老年社会工作的综合性决定了其需要跨领域的合作。除了社会工作专业领域，还需要与医疗、法律、文化等领域形成紧密合作。加强跨领域的合作，形成多方联动的服务体系，更好地满足老年人全方位的需求。

6. 完善政策与制度支持

政府需要加大对老年社会工作人力资源的政策与制度支持。包括提高社会工作者的待遇、设立专门的老年社会工作机构、建立健全的培训和评估体系等。政府的支持可以激发社会工作者的积极性，推动老年社会工作事业的健康发展。

老年社会工作人力资源的现状和需求关系着整个社会养老体系的健康发展。在人口老龄化日益加深的背景下，加强对老年社会工作人力资源的关注和投入，是保障老年人权益、提高老年服务质量的重要举措。

综合来看，未来老年社会工作人力资源的发展方向应当是全面提升专业素养，不仅要有扎实的社会工作专业知识，还要掌握老年人医疗、心理、康复等多领域的知识；加强专业化培训，通过建立培训体系和提供培训资源，提高社会工作者的专业水平；加强社会责任感的培养，引导社会工作者深入了解老年人需求，通过服务体现社会责任感；借助现代科技手段创新服务模式，提高服务效率和服务质量；加强跨领域合作，形成多方联动的服务体系；完善政策与制度支持，激发社会工作者的积极性。

在未来的老年社会工作中，政府、社会组织、企事业单位等各方需要共同努力，通过制定更加明确的政策、提供更多的资源支持，共同推动老年社会工作人力资源的发展。只有在全社会的共同努力下，才能更好地满足老年人多元化的需求，确保老年人能够在晚年享有更加尊严、健康、幸福的生活。

二、拓展老年社会工作人才队伍的培训与引进

随着社会的老龄化进程加速推进，老年社会工作的需求与挑战也日益显现。为了更好地应对老年人口的多样性需求，以及提升老年社会工作服务的专业水平，拓展老年社会工作人才队伍的培训与引进显得尤为迫切。本部分将从培训和引进两个方面展开讨论，提出相关策略与建议。

（一）老年社会工作人才培训

1. 建设多层次培训体系

为了适应老年社会工作的专业化需求，应建设多层次的培训体系。包括从基础培训、中级培训到高级培训的层级设置，使社会工作者能够根据个人发展需求有序进行培训，形成系统的知识结构和服务技能。

（1）基础培训

基础培训主要面向社会工作专业的学生，以及对老年社会工作感兴趣的社会工作者。内容涵盖社会工作的基本理论、伦理道德、沟通技巧等方面，使其具备入门级别的老年服务能力。

（2）中级培训

中级培训适用于已从事一定年限的社会工作者，旨在加强其老年服务方面的专业知识与技能。培训内容涵盖老年心理学、老年医学、康复护理等领域，以提高其为老年人提供全面服务的综合能力。

（3）高级培训

高级培训主要面向具有一定工作经验的社会工作者，侧重于深化其在老年社会工作领域的专业化水平。培训内容包括老年社会政策、组织管理、社会工作研究方法等，使其在老年社会工作领域具备领导和管理的能力。

2. 采用灵活的培训方式

为了更好地满足不同社会工作者的学习需求，培训应采用多样化的方式，包括线上线下相结合、面对面培训、工作坊、实践实习等。借助信息技术，建设在线培训平台，方便社会工作者随时随地进行学习，提高培训的灵活性和实用性。

（1）线上培训

通过建设专业的老年社会工作在线培训平台，提供丰富的学习资源，包括视频课程、在线讲座、电子书籍等。社会工作者可以根据自己的时间灵活选择，选择适合自己发展方向的课程进行学习。

（2）面对面培训

面对面培训仍然是培训的重要方式，可以通过专业的老年社会工作培训机构或高校提供。通过座谈会、研讨会、讲座等形式，使培训更加互动和实践导向。

（3）实践实习

实践实习是培训的关键环节，通过与老年服务机构的合作，为社会工作者提供实际服务场景。实践实习有助于将理论知识转化为实际操作能力，培养社会工作者的实践经验。

3. 强化师资力量

培训的质量和效果与师资力量密切相关，因此需要加强老年社会工作培训师资队伍的建设。培训师资力量应包括老年社会工作领域的专业人士、学者和实践经验丰富的从业者，以确保培训内容的专业性和实用性。

（1）学科专家

邀请老年社会工作领域的学科专家，包括社会工作学、社会学、心理学等领域的专业人士，为社会工作者提供系统的专业知识培训。

（2）实践导向者

实践导向者是指在老年服务一线积累了丰富经验的专业人士，他们能够通过实际案例分析和操作指导，帮助社会工作者更好地理解和解决实际问题。

（3）跨学科合作

引入医学、康复医学、心理学等相关领域的专业人才，进行跨学科的培训合作，以促进社会工作者全面发展。

（二）老年社会工作人才引进

1. 制定吸引政策

为了吸引更多的人才投身老年社会工作，政府和相关机构应制定一系列吸引政策。这包括提高老年社会工作人员的薪酬待遇、提供专业发展机会、设立奖励机制等。政府可以通过税收优惠、公共服务津贴、住房补贴等方式，吸引更多人才加入老年社会工作队伍。

2. 打破行业壁垒

为了引进更多具有相关专业知识和经验的人才，需要打破行业壁垒，吸纳其他领域的专业人才参与老年社会工作。通过设立交叉学科的培训项目，如社会工作与医学、社会工作与心理学的双学位培养等，吸引更多有关专业的人才投身老年服务领域。

3. 建立导师制度

导师制度有助于新人更快地融入老年社会工作领域，传承经验、提升工作水平。引进老年社会工作领域的导师，为新人提供指导和支持，帮助他们更好地适应工作环境，提高服务水平。

4. 拓宽招聘渠道

除了传统的招聘途径，还可以通过拓宽招聘渠道，如与高校、科研机构合作，推动老年社会工作专业的本科和研究生培养。通过引入一流教育资源，培养更多具备专业素养的毕业生。

5. 加强国际合作

借鉴国外老年社会工作的经验，与国际合作引进先进的理念、技术和管理经验。通过开展国际交流项目、邀请国外专家进行讲座等方式，促使老年社会工作队伍向国际化发展。

6. 制定发展规划

为引进的人才提供发展规划，激励其在老年社会工作领域取得更高的业绩。通过设立晋升通道、职业发展计划等方式，吸引人才留在老年社会工作领域长期从事工作。

（三）培训与引进的有机结合

为了实现老年社会工作人才队伍的全面拓展，培训与引进需要有机结合，形成系统化的人才发展体系。

1. 制定个性化发展计划

根据不同人才的背景、经验和发展方向，制定个性化的发展计划。通过个性化的培训课程、导师指导、实践实习等方式，使每位社会工作者在培训过程中更好地发挥自身优势，提升专业水平。

2. 提供学习奖励

为鼓励人才不断学习和提升，可以设立学习奖励机制。根据社会工作者参与培训、发表学术论文、参与实践项目等绩效，给予相应的奖励和荣誉，激发其学习积极性。

3. 实行导师制度

通过导师指导，引进的人才能够更快地适应老年社会工作的专业要求。导师可以为新人提供工作指导、问题解决方案，促使他们更快地融入团队。

4. 设立培训与引进联动机制

培训与引进要实现紧密联动，培训机构可以与招聘机构合作，根据招聘需求制定相应的培训项目。同时，培训机构可以通过与老年服务机构合作，将培训与实际工作有机结合，促使培训更加贴近实际需求。

老年社会工作是一个充满挑战和机遇的领域，拓展老年社会工作人才队伍的培训与引进是保障老年服务质量、满足老年人多元需求的重要举措。通过建设多层次的培训体系，采用灵活的培训方式，强化师资力量，可以提高社会工作者的专业水平。同时，通过制定吸引政策、打破行业壁垒、建立导师制度等手段，可以引进更多具有相关专业知识和经验的人才。在培训与引进的有机结合下，老年社会工作人才队伍将更好地适应老龄化社会的发展需求，为老年人提供更优质的服务。

三、促进老年社会工作人员的职业发展与满意度

随着社会的老龄化进程的不断加快,老年社会工作的重要性日益凸显。而要提高老年社会工作的服务质量,保障老年人的权益,关键在于促进老年社会工作人员的职业发展与满意度。本部分将从职业发展和职业满意度两个方面展开讨论,提出相关策略与建议。

(一)老年社会工作人员的职业发展

1. 建立完善的职业发展体系

为了促进老年社会工作人员的职业发展,应建立完善的职业发展体系。这包括明确的职业晋升通道、培训机制、职业技能认证等。通过不断完善体系,提供更多的职业发展机会,激发工作人员的积极性和主动性。

(1)职业晋升通道

建立清晰的职业晋升通道,使老年社会工作人员能够有明确的职业发展方向。设立不同级别的职务,并规定晋升条件,为工作人员提供迈向更高层次的机会。

(2)培训机制

建立灵活多样的培训机制,包括内部培训、外部培训、专业培训等。为工作人员提供进修学习、专业知识更新的机会,提高其专业素养和服务水平。

(3)职业技能认证

引入职业技能认证机制,通过参与认证项目,工作人员能够获得相应的资格证书或职业技能认证,提高其在职场上的竞争力。

2. 提供职业发展导向的岗位培训

为了更好地适应老年社会工作的专业性和复杂性,组织相关的岗位培训显得尤为重要。这种培训应以工作任务为导向,通过实际工作场景模拟,提升工作人员在实践中解决问题的能力。

(1)岗位实际操作培训

通过模拟实际工作场景,对老年社会工作人员进行操作技能培训。包括沟通技巧、康复护理、心理支持等方面的培训,使工作人员更自信地应对实际工作挑战。

(2)多元化的工作任务

安排多元化的工作任务,使老年社会工作人员能够在不同领域积累经验。例如,参与社区服务、机构养老服务、老年心理咨询等,拓宽工作人员的专业知识面,提高工作的多元化能力。

3. 提供职业发展资源支持

为了更好地支持老年社会工作人员的职业发展,需要提供相应的资源支持,包括

资金、人才、信息等。

（1）职业发展资金支持

设立专项资金，用于支持老年社会工作人员的职业发展。可以包括奖学金、培训津贴、职业技能认证费用等，激发工作人员参与职业发展的积极性。

（2）人才培养计划

建立人才培养计划，引导人才有序成长。通过与高校、科研机构合作，设立奖学金、人才项目，鼓励更多有志从事老年社会工作的年轻人投身这一领域。

（3）信息平台建设

建设信息平台，为老年社会工作人员提供最新的职业发展信息。包括行业动态、培训资讯、职业机会等，保证工作人员能够及时获取行业信息，更好地规划自己的职业发展路径。

（二）老年社会工作人员的职业满意度

1. 营造良好的工作环境

良好的工作环境是提高职业满意度的重要因素。通过优化工作场所、提供舒适的工作设施，为老年社会工作人员创造一个积极向上、充满活力的工作氛围。

（1）良好的工作条件

保障工作人员有足够的工作空间和必要的工作工具，创造安静、整洁、舒适的工作环境。这对长时间从事服务工作的老年社会工作人员尤为重要。

（2）人性化管理

建立人性化的管理制度，尊重工作人员的个人需求和价值观。通过灵活的工作时间、弹性的休假制度等，提高工作人员的职业满意度。

2. 促进团队协作

建立团队协作机制，促使老年社会工作人员之间形成更紧密的合作关系。通过团队建设活动、定期的团队分享会议等方式，增强团队凝聚力，降低工作压力。

（1）团队培训与交流

组织团队培训与交流活动，帮助团队成员更深入地了解彼此，学习借鉴其他同事的经验，形成合作共赢的局面。

（2）团队奖励机制

建立团队奖励机制，激励整个团队的共同努力。通过团队目标的达成、优秀团队成员的表彰等方式，提高团队成员的职业满意度。

3. 提供职业发展机会

为老年社会工作人员提供职业发展机会，是提高满意度的重要途径。通过提供进修学习、晋升机会、职业发展规划等方式，提升工作人员的个人价值。

（1）晋升机会

制定明确的晋升机制，根据工作人员的表现和贡献，提供晋升的机会。让工作人员感受到通过不断努力和提升自己能够获得更好的职业发展。

（2）进修学习支持

提供进修学习的支持，包括经费、时间、资源等。通过鼓励工作人员参与各类培训、学术研讨等活动，使其保持学习的动力和热情。

（3）职业发展规划

与员工共同制定职业发展规划，帮助他们清晰职业发展方向，明确未来的发展目标。通过与员工的充分沟通，制定个性化的职业规划，提高工作人员的满意度。

4. 关注心理健康

老年社会工作人员的工作可能面临来自老年人身体健康、心理压力等方面的挑战。因此，关注工作人员的心理健康，提供相应的心理支持至关重要。

（1）心理咨询服务

为工作人员提供心理咨询服务，建立心理健康支持体系。通过专业心理咨询师或团队开展定期的心理辅导，帮助工作人员有效应对工作中的压力和挑战。

（2）团队心理建设

通过团队建设活动，提升工作人员的心理素质。包括团队合作训练、情感分享、心理健康教育等，增强工作人员的心理韧性。

5. 优化薪酬福利体系

薪酬福利是员工职业满意度的重要因素之一。建立完善的薪酬福利体系，既能吸引更多人才加入，又能提高现有工作人员的满意度。

（1）合理薪酬水平

根据工作人员的职责和工作贡献，制定合理的薪酬水平。确保薪酬水平与工作的专业性和复杂性相匹配，激发工作人员的积极性。

（2）丰富福利待遇

除了薪酬，提供丰富的福利待遇，包括社会保险、健康保险、职业年金、住房公积金等。这些福利待遇能够提高工作人员的生活质量，增强其对组织的归属感。

6. 建设职业文化

营造积极向上的职业文化，使老年社会工作人员在工作中感受到归属感和认同感。包括鼓励创新、尊重多元文化、弘扬正能量等方面。

（1）鼓励创新

鼓励工作人员提出新的工作理念、服务模式，通过创新提升服务质量。建立创新奖励机制，激励工作人员在工作中表现出创造力和积极性。

（2）尊重多元文化

倡导尊重多元文化的价值观，使老年社会工作人员在工作中能够更好地理解和尊重老年人来自不同文化背景的需求。通过文化培训、多元文化座谈会等方式，促进团队内部的文化融合。

（3）弘扬正能量

营造正面、积极的工作氛围，鼓励工作人员互相支持、共同成长。组织团队建设活动、座谈会，分享工作中的成功经验和正能量，增强团队的凝聚力。

（三）结合职业发展和满意度的综合策略

1. 制定个性化职业发展计划

根据每位老年社会工作人员的个人兴趣、专业背景和职业规划，制定个性化的职业发展计划。确保计划既符合组织的整体需求，又能够满足个体的成长期望。

2. 定期评估和调整

定期对老年社会工作人员的职业发展计划进行评估，了解其在工作中的实际需求和发展动态。根据评估结果，进行及时的调整和优化，确保职业发展计划与工作人员的实际情况保持一致。

3. 提供多层次的激励机制

建立多层次的激励机制，包括薪酬激励、晋升机会、培训机会等。确保激励机制既能满足工作人员在职业发展上的预期，又能激发他们的工作积极性。

4. 建设良好的组织文化

组织文化是影响员工满意度的关键因素之一。建设一种积极向上、互相尊重的组织文化，让老年社会工作人员在这种文化氛围中感受到工作的价值和意义。

5. 鼓励反馈和建议

为老年社会工作人员提供一个开放的沟通渠道，鼓励他们提出工作中的反馈和建议。通过定期的员工满意度调查、座谈会等方式，了解他们的真实感受，及时解决问题，优化工作环境。

6. 建立导师制度

引入导师制度，为老年社会工作人员提供一对一的职业指导。通过与资深工作人员或领导的互动，新入职员工可以更好地融入组织，快速成长，提高职业满意度。

促进老年社会工作人员的职业发展与满意度，需要全面考虑从个体的职业规划到组织的文化氛围等多个层面。通过建立完善的职业发展体系，提供岗位培训、资源支持，以及优化薪酬福利体系，激发工作人员的积极性。同时，通过提供良好的工作环境、团队协作机制、心理健康支持，以及建设积极向上的组织文化，提高工作人员的职业满意度。

综合而言，只有在职业发展和职业满意度相辅相成的基础上，老年社会工作人员才能更好地履行职责，提高服务质量，为老年人提供更加优质的服务。这需要组织方和个体共同努力，制定科学合理的政策和措施，共同打造一支积极向上、有活力的老年社会工作队伍。

第四节 老年社会工作的财政支持与可持续发展

一、老年社会工作项目的财政来源与分配

随着社会老龄化的加速发展，老年社会工作项目的需求日益凸显。这些项目涉及到老年人的医疗、护理、心理支持等多方面服务，因此，其财政来源与分配显得尤为关键。本部分将深入探讨老年社会工作项目的财政来源和分配机制，为构建更加健全、可持续的老年社会工作体系提供参考。

（一）老年社会工作项目的财政来源

1. 政府财政拨款

政府财政拨款是老年社会工作项目最主要的财政来源之一。政府在预算中划拨一定的资金用于支持老年服务项目，包括医疗服务、社会护理、康复服务、心理健康服务等多个方面。这种形式的财政拨款通常与老年人口数量、老龄化水平、社会经济状况等因素相关。

（1）中央政府拨款

中央政府作为国家的主导机构，通常负责制定相关的老年服务政策和法规，并拨款用于支持全国性的老年社会工作项目。这些拨款可以用于建设老年护理机构、培训老年服务人才、提供老年人医疗保健等多个方面。

（2）地方政府拨款

地方政府负有更为具体的老年服务责任，因此，地方政府也会从中央政府分得一部分老年服务拨款。这些资金通常由地方政府用于建设和维护地方性的老年护理机构、推动社区老年服务项目等。

2. 社会保险和医保资金

社会保险和医保资金也是老年社会工作项目的一项重要财政来源。老年人在社会保险和医保制度下，缴纳了一定数额的保费，这部分资金可以用于支持老年人的医疗和护理服务。这种方式下，老年社会工作项目的财政来源更多依赖于老年人自身的缴费和社会保险体系。

（1）医疗保险资金

医疗保险资金主要用于支付老年人的医疗费用，包括门诊、住院、药品费用等。这些资金可以直接用于老年人的健康服务，也可用于支持医护人员的培训、设备更新等。

（2）社会护理保险资金

一些地区建立了社会护理保险制度，老年人缴纳社会护理保险费用后，可以享受社会护理服务。这些资金用于支持社区护理服务、日间照料中心等项目，为老年人提供更为全面的生活照顾。

3. 捐赠和慈善资金

社会上的捐赠和慈善活动也为老年社会工作项目提供了一定的财政支持。个人、企事业单位或国际组织可能通过捐款、资助等方式为老年服务项目提供资金。这种方式下，财政来源相对灵活，但也可能因为捐赠者的变化而不够稳定。

（1）企事业单位捐赠

一些大型企业、机构可能设立专项基金用于支持老年服务项目。这些基金通常用于设立或维护企业养老院、推动老年人员培训等。

（2）个人捐赠

社会上有一部分个人愿意通过捐款、遗赠等方式支持老年服务项目。这些个人捐赠资金可用于弥补项目运行中的资金缺口、改善服务质量等。

4. 项目自筹资金

部分老年社会工作项目也会通过一定的自筹手段获取资金。包括项目所提供的有偿服务、培训课程费用、康复项目费用等。这种方式下，项目可以更加灵活地运作，但需要谨慎平衡有偿服务和社会责任。

（1）有偿服务费用

在老年社会工作项目中，一些提供高水平服务的机构可能通过向老年人提供有偿服务来获取资金。这些服务可能包括高级医疗服务、文化活动、康复辅助项目等。

（2）培训项目费用

一些老年社会工作项目可能提供专业培训服务，通过向有需求的机构或个人收取培训费用来获取资金。这种方式下，项目可以通过培训服务不断提升自身的专业水平。

（二）老年社会工作项目的财政分配机制

1. 需求导向分配

老年社会工作项目的财政分配可以根据老年人口的实际需求进行导向。通过对老年人的需求进行详细调查和评估，将资源投入到最为迫切和重要的领域，以确保老年人获得最为有效和贴切的服务。这种方式下，财政资源将更有针对性，能够更好地满足不同老年人群体的需求。

（1）高龄老年人服务

在财政分配中，可优先向高龄老年人提供服务，因为这一群体更容易面临生活自理能力下降、健康问题增多等挑战。可能包括提供长期护理服务、医疗服务等。

（2）特殊需求老年人服务

有一些老年人可能有特殊的需求，比如患有慢性疾病、患有认知障碍等。财政分配时可以考虑向这些群体提供更为专业的服务，例如专业的医疗护理、康复治疗等。

2. 区域均衡分配

为了确保老年社会工作服务能够覆盖更广泛的区域，财政分配机制可以考虑实现区域均衡。这意味着不仅要关注发达地区的老年服务需求，也要关心偏远、贫困地区的需求，以实现资源的公平分配。

（1）农村地区服务

农村地区老年服务可能面临更多的困难，包括医疗资源不足、专业人才匮乏等。在财政分配中，要给予农村地区一定的附加分配，以支持其建设和提升服务水平。

（2）城市地区服务

城市地区老年服务需求也十分巨大，但挑战可能主要体现在服务的高质量和高效率上。财政分配时，要注重提升城市地区老年服务的科技水平、人才培训等方面，以更好地满足城市老年人的需求。

3. 项目绩效评估分配

引入绩效评估作为财政分配的依据，能够更好地激励老年社会工作项目提高服务质量、提升管理水平。绩效评估可以基于项目的服务效果、客户满意度、专业水平等指标，对项目的表现进行客观评价。

（1）服务效果评估

评估老年社会工作项目的服务效果，包括老年人的生活质量改善、医疗健康状况、心理健康等方面。效果良好的项目可以获得更多的财政支持。

（2）客户满意度评估

老年人的满意度是衡量服务质量的重要指标。通过定期的满意度调查，可以了解老年人对服务的评价，满意度高的项目则则可以获得额外的财政奖励。

4. 公私合作分配

在财政分配时，可以引入公私合作的机制。即政府与社会组织、企业等建立合作关系，共同推动老年社会工作项目的实施。这样不仅能充分利用社会资源，还能提高项目的可持续性。

（1）社会组织合作

一些社会组织可能在老年服务领域有丰富的经验和资源。政府可以通过合作协议，委托这些社会组织参与老年社会工作项目，实现资源共享。

（2）企业参与

一些企事业单位可能愿意通过社会责任投入老年服务领域。政府可以通过激励政策，鼓励企业参与老年社会工作项目，提供资金、技术或其他支持。

5.长期规划与动态调整

财政分配机制应当与长期规划相结合，及时调整以适应老年人口结构和需求的变化。通过定期的老年人口调查、需求评估等手段，及时调整财政分配的重点和比例，确保老年社会工作项目能够持续适应社会的变革。

（1）人口老龄化趋势

随着老龄人口的增多，老年人口的需求和服务项目的复杂性都会发生变化。财政分配机制应关注人口老龄化趋势，合理分配资源以满足日益增长的老年服务需求。

（2）社会经济变化

社会经济环境的变化也将影响老年服务项目的需求。例如，社会发展水平的提高可能会导致老年人对更高水平服务的需求增加。因此，财政分配机制需要灵活调整，以适应这些变化。

（三）财政来源与分配中的问题与挑战

1.资金不足

老年社会工作项目通常面临资金不足的问题，这一问题可能源于多方面原因：

（1）人口老龄化压力

随着人口老龄化程度的提高，老年服务需求也也迅速增加，但政府财政预算并没有相应增长，导致老年社会工作项目的资金相对不足。

（2）区域差异

不同地区的财政实力和老年服务需求存在较大差异。一些贫困地区可能因财政支持不足而无法提供高质量的老年服务，造成区域性的不均衡。

（3）服务标准提升

随着老年服务标准的提升，项目所需的资金也相应增加。政府可能面临如何在有限的财政预算下满足不断提高的服务标准的难题。

2.资金分配不公

在财政分配中存在不公平现象可能引发社会不满，甚至产生资源浪费的问题。这种情况可能由以下原因引起：

（1）行政干预

政府部门可能在资金分配上存在行政干预，导致一些项目或地区得不到应有的优势，另一些项目或地区因此被忽视。

（2）利益团体影响

某些利益团体可能通过各种途径影响政府的财政决策，使得一些项目能够获取更多的资金，而其他项目则相对较少。

3. 财政分配不透明

财政分配机制的不透明性可能导致公众对资源使用的质疑和不满。这可能由于以下原因：

（1）缺乏透明度和公开性

政府在财政分配决策过程中缺乏透明度和公开性，公众难以了解为何某些项目获得更多的资金支持，从而引发猜疑和不信任。

（2）缺乏参与机制

公众、老年人和相关利益方往往在财政分配决策中缺乏参与机会。政府可以通过建立更为开放的决策机制，听取公众意见，提高决策的公正性。

（四）应对措施与建议

1. 提高政府财政拨款额度

政府可以通过加大对老年社会工作项目的财政拨款力度，确保项目获得足够的资金支持。这需要政府制定更加贴近老年服务需求的预算政策，优先保障老年社会工作项目的基本需求。

2. 完善绩效评估机制

建立科学合理的绩效评估机制，将老年社会工作项目的运行情况纳入评估体系，以客观的数据为基础进行财政分配。鼓励项目提高服务质量，实现资源更有效的利用。

3. 引入社会投入

政府可以鼓励社会组织、企事业单位等社会力量参与老年社会工作，通过引入社会投入的方式，拓宽项目的财政来源。这有助于共同应对老年服务的财政压力，提高服务水平。

4. 加强地方政府协同合作

加强地方政府之间的协同合作，实现资源共享、信息互通。通过建立联动机制，确保老年社会工作项目的财政分配更加公平和合理，提高资源利用效率。

5. 提高财政分配的透明度

政府应当提高财政分配的透明度，将财政分配的决策过程公开化，接受社会监督。通过建立公开的决策机制，提高公众对财政分配的信任度，降低质疑和不满。

6. 设立老年服务专项基金

政府可以设立专项基金用于支持老年社会工作项目。通过建立这样的基金，更有针对性地满足老年服务的需求，确保老年社会工作项目获得更为稳定和可持续的财政支持。

7.引入公共私人合作模式

政府可以鼓励公共私人合作，通过政府和企业、社会组织等的共同努力，提供更全面、高效的老年服务。这种合作模式可以在财政分配中更好地整合不同领域的资源，实现资源的优势互补。

老年社会工作项目的财政来源与分配机制是确保老年服务项目正常运行、满足老年人多样化需求的重要保障。在面对人口老龄化的挑战和老年服务需求的不断增加的情况下，政府、社会组织、企事业单位等各方应加强协同合作，通过多元化的财政来源、合理公正的财政分配机制，共同推动老年社会工作项目的可持续发展。为应对问题与挑战，需要政府和社会各界共同努力，采取有针对性的措施，确保老年服务项目得到充分支持，为老年人提供更好的生活质量。

在实际操作中，应充分考虑老年人口的多样性和个体差异，财政分配机制应灵活适应老年服务的多样需求。同时，政府在财政决策过程中应更加透明，建立有效的社会监督机制，确保财政分配的公正性和合理性。

此外，政府还应注重提高老年社会工作项目的服务质量和管理水平，通过绩效评估等手段，激发项目的内在活力，提高运营效能。同时，鼓励社会组织和企业参与老年服务领域，形成政府、市场、社会的合力，共同推动老年社会工作事业的发展。

总体而言，建立健全的老年社会工作项目财政体系，不仅需要政府的有力支持和引导，也需要社会各界的积极参与。只有通过多方合作，构建全方位、立体化的财政来源与分配机制，才能更好地满足老年人的多层次需求，促进老年服务事业的全面发展。

二、面对财政挑战的老年社会工作可持续发展策略

随着社会老龄化进程的不断加速，老年社会工作的需求呈现出愈发显著的增长趋势。然而，面对财政挑战，如何确保老年社会工作项目的可持续发展成为一个迫切需要解决的问题。本部分将探讨在财政挑战下，老年社会工作领域的可持续发展策略，以更好地满足老年人的需求、提升服务质量。

（一）财政挑战的背景

1.人口老龄化的冲击

随着人口老龄化程度的提高，老年社会工作面临的服务压力日益加大。老年人口的增加意味着更多的医疗、护理、康复等服务需求，这对财政预算提出了更高的要求。

2.财政预算有限

大多数国家和地区的财政预算相对有限，需要在众多领域间进行分配。老年社会工作在财政预算中所占比例相对较小，可能难以满足老年服务的全面需求。

3. 社会变革的影响

社会变革、经济波动等因素也对老年社会工作的财政支持造成一定的波动。在某些情况下，老年服务项目可能成为财政调整的牺牲品，导致服务水平下降。

（二）可持续发展策略

1. 多元化财政来源

（1）引入社会投资

鼓励社会资本的投入是拓宽财政来源的一种方式。政府可以通过制定相关政策，吸引企业和社会组织参与老年服务项目的投资。包括建设养老院、提供健康服务、开展老年教育等方面。

（2）创新金融模式

引入创新金融模式，例如长期护理保险、老年人服务券等，通过金融手段为老年服务项目提供更为灵活和可持续的财政支持。这有助于缓解政府财政压力，提高老年服务的可及性。

2. 提高服务效率

（1）引入信息技术

充分利用信息技术，提高老年社会工作的管理效率。通过电子健康档案、智能化服务系统等手段，提高服务的响应速度和精准度，降低服务成本。

（2）合理配置人力资源

精细规划和合理配置人力资源，提高工作效率。通过培训更专业的老年服务人才，实现服务的专业化和标准化，以降低服务成本。

3. 加强与社会各界的合作

（1）公私合作

鼓励公共和私人部门的合作，实现资源共享。政府可以与企业、社会组织等签署合作协议，共同推动老年服务项目的发展。这不仅能够提供财政支持，还能充分发挥各方的专业优势。

（2）社区参与

发挥社区的力量，引导社区居民更多地参与老年服务。通过组织志愿者、开展社区活动等方式，实现社区老年服务的自我支持，减轻财政负担。

4. 提升服务的社会效益

（1）强化预防和健康促进

加大对老年人健康的预防和促进工作，降低医疗支出。通过定期健康检查、康复训练等手段，提升老年人的自我管理能力，降低长期护理的需求和成本。

（2）强调社会融合

推动老年服务项目与社会融合发展，使老年人更好地融入社区生活。通过开展文化活动、技能培训等，提升老年人的社会参与度，减少社会支持的需求。

5. 完善财政制度

（1）制定长期规划

政府应当制定长期规划，科学合理地安排老年社会工作项目的财政支持。通过全面了解老年服务的未来需求，进行合理预算和财政规划，确保老年服务项目的稳定发展。

（2）加强监管

建立健全的监管机制，确保财政支持的合理使用。对投入老年社会工作的资金，政府应加强监管，确保其被用于服务老年人的实际需求，避免浪费和不当使用。

（3）激励机制

建立激励机制，奖励那些在老年服务中表现优异的机构和个人。通过设立奖励基金、表彰活动等方式，激发服务提供者的积极性和创造性，促进老年社会工作的良性竞争和发展。

（三）推动可持续发展的政策建议

1. 加大财政投入

政府应当增加对老年社会工作的财政拨款，确保项目有足够的资金支持。特别是在人口老龄化程度较高的地区，应当适当提高老年服务的财政比重，以满足不断增长的发展需求。

2. 建立社会投资机制

政府可以设立专项基金，吸引社会投资，支持老年社会工作项目的发展。鼓励企业、金融机构等向老年服务领域投资，通过股权、债券等方式筹集资金，促进老年服务项目的可持续融资。

3. 完善社会保障体系

加强社会保障体系，建立全面覆盖老年服务的保障机制。通过提高社会护理保险的覆盖面和待遇水平，降低老年人的医疗和护理负担，促进老年服务的可持续发展。

4. 建设数字化老年服务平台

加大对信息技术的投入，建设数字化老年服务平台。通过建立统一的服务平台，实现老年人信息的集中管理、服务的智能匹配，提高服务的效率，减少不必要的资源浪费。

5. 鼓励社会参与

政府应鼓励社区居民参与老年服务，发挥社区的力量。通过设立志愿者奖励计划、提供志愿者培训等方式，激发社区的积极性，形成共建共享的社区老年服务体系。

6. 建立跨部门协调机制

建立跨部门协调机制，形成政府各部门之间的合力。老年服务涉及医疗、社会保障、教育等多个领域，需要形成跨部门协同的工作机制，以确保政府资源的合理利用，避免信息孤岛和服务断层。

7. 鼓励创新与科技应用

政府应鼓励老年社会工作领域的创新和科技应用。通过支持科技企业研发老年服务相关技术，如远程医疗、智能护理设备等，提升服务水平的同时，也为老年服务带来更多可持续的财政支持。

8. 加强国际合作与经验分享

借鉴其他国家和地区的成功经验，加强国际合作。通过与国际组织、其他国家的老年服务机构建立合作关系，分享先进技术、管理经验和可持续发展策略，为本国老年社会工作的可持续发展提供有益参考。

（四）发展过程中应注意的问题

1. 公平与可及性

在制定财政支持政策时，应当考虑到不同地区、不同人群的实际需求，确保财政资源的公平分配，避免资源过度集中在特定区域或人群，保障老年服务的可及性。

2. 透明度与公开性

财政支持的分配过程应当保持透明和公开，以及建立健全的监管体系。这有助于提高公众对财政支持决策的信任度，减少可能的质疑和争议。

3. 社会参与与沟通

在财政支持的决策过程中，应当积极引入社会各界的参与，听取老年人、家属、社会组织等的意见和建议。通过多方参与，形成共建共享的氛围，增强财政支持的针对性和社会支持度。

4. 风险防范与应对

在财政支持的使用中，需要建立完善的风险防范机制。及时发现和应对可能的滥用、浪费、腐败等问题，确保财政支持的效益最大化。

5. 创新与持续优化

财政支持策略应当注重创新和持续优化。随着老年服务需求的变化和社会环境的发展，财政支持的策略也需要不断调整和改进，以适应新的挑战和需求。

面对财政挑战，老年社会工作的可持续发展需要政府、社会组织、企事业单位等多方共同努力。通过多元化财政来源、提高服务效率、加强与社会各界的合作、提升服务的社会效益等策略，可以更好地应对财政挑战，确保老年服务项目的可持续发展。

在推动可持续发展的过程中，需要注重公平与可及性、透明度与公开性、社会参与与沟通、风险防范与应对、创新与持续优化等方面的问题。只有通过科学的制度设计、创新的政策举措，才能够建设出更加健康、可持续的老年社会工作体系，为老年人提供更全面、高质量的服务。同时，通过国际合作与经验分享，可以更全面地借鉴他国成功经验，为老年服务领域的可持续发展提供有益的启示。

三、财政支持与老年社会工作服务质量的关系

老年社会工作是一个涉及广泛、服务内容复杂的领域，其可持续发展和服务质量直接受财政支持的影响。财政支持不仅关乎老年人获得何种服务，还直接影响服务的覆盖范围、深度和质量。本部分将深入探讨财政支持与老年社会工作服务质量的关系，从不同角度分析二者之间的互动关系以及如何通过财政支持提升老年社会工作服务的质量。

（一）财政支持对服务设施和人力资源的影响

1. 服务设施建设

财政支持是老年服务设施建设的主要来源之一。具备良好的服务设施对老年服务的质量至关重要，包括养老院、日间照料中心、医疗机构等。财政支持用于设施的修建、更新、设备购置等，直接决定了服务场所的舒适度、安全性以及服务的便捷性。

2. 人力资源培养

财政支持直接关系到老年服务人员的数量和质量。通过提供资金用于人才培训、招聘、薪酬和福利等方面，政府可以吸引更多专业人才从事老年服务工作。良好的人力资源保证了服务的专业性、温暖度和连续性，对老年人的生活质量有着积极的影响。

（二）财政支持对服务内容和创新的促进

1. 服务内容的丰富度

财政支持的程度直接决定了老年服务的内容和范围。充足的资金可以支持提供更多元化、全面的服务项目，包括但不限于医疗护理、康复训练、文体娱乐等。这样的服务内容不仅能更好地满足老年人的个性化需求，也能提高服务的整体质量。

2. 创新服务的推动

财政支持可以鼓励老年服务机构进行创新实践。政府可以通过设立创新基金、奖励机制等方式，激励机构提供更加前沿、高效的服务方式，如引入信息技术、智能设备等。这有助于提升服务的效能和老年人的满意度。

（三）财政支持对服务质量评估和监管的重要性

1. 服务质量评估的可行性

财政支持为建立科学的服务质量评估体系提供了基础。通过投入资源建立评估机

制，可以更全面、客观地了解老年服务的实际情况，为服务质量的改进提供数据支持。

2. 监管体系的建设

财政支持有助于建设完善的监管体系。政府可以通过投入人力和物力资源，确保老年服务机构的规范运作。有效的监管有助于提高服务的合规性，降低服务潜在风险，提高服务质量。

（四）财政支持对老年人服务需求的满足

1. 服务的可及性

财政支持直接关系到服务的可及性。足够的财政支持可以确保服务的覆盖面更广，尤其是在农村、偏远地区，保障老年人都能够获得相应的服务。这有助于提高服务的普及程度和老年人的生活满意度。

2. 服务的质量与老年人需求的匹配度

财政支持决定了服务的质量水平，进而影响服务是否能够真正满足老年人的需求。充足的财政支持可以确保提供高水平的医疗、护理服务，更好地满足老年人对于健康、生活质量的需求。

（五）财政支持对服务平等性和社会公正的影响

1. 服务的平等性

财政支持的合理分配直接关系到服务的平等性。在服务资源有限的情况下，政府的财政支持可以通过制定公平的分配政策，保障不同群体老年人能够平等地获得服务，避免资源的过度集中，确保服务的公平性。

2. 社会公正的维护

财政支持有助于的社会公正。通过确保服务的平等性、普及性，政府可以维护老年服务领域维护社会公正，减少贫富差距对服务的影响，保障所有老年人能够公平享有服务资源。

（六）政府角色与责任

1. 制定科学的财政政策

政府应当制定科学合理的财政政策，确保老年社会工作得到充分的财政支持。在制定政策时，需要充分考虑老年人口的数量、地域分布、健康状况等因素，以科学的方式确定财政支持的规模和方向，确保资源的合理配置。

2. 建设健全的监管体系

政府有责任建设健全的监管体系，对老年社会工作进行规范管理。通过投入资源，确保监管机构有足够的人力和技术手段，用以对老年服务机构进行全面、科学的监管，维护服务的质量和合规性。

3. 提升服务质量的激励机制

政府可以建立激励机制,通过奖励那些提供优质服务的机构,激发服务提供者的积极性。这可以通过设立服务质量奖项、绩效考核等方式实现,从而促使机构更注重服务水平的提升。

4. 加强服务质量评估和信息公开

政府应当加强服务质量的评估和信息公开。通过建立科学的评估机制,定期发布老年服务机构的服务质量报告,提高服务的透明度,使老年人和其家庭能够更加了解服务的情况,有助于形成服务的社会共识。

5. 推动老年服务的创新发展

政府可以通过财政支持鼓励老年服务的创新发展。通过设立创新基金、鼓励科技企业参与老年服务等方式,推动老年服务领域的创新,提高服务的效能和适应性。

6. 加强社会参与和反馈机制

政府应当加强社会参与和反馈机制。通过设立老年服务委员会、听取老年人和家属的建议等方式,建立起政府与社会各方沟通的桥梁,使政策更贴近实际需求,提高服务的民意基础。

(七)财政支持的挑战与应对策略

1. 财政支持不足

挑战:一些地区和国家可能面临财政支持不足的问题,使得老年服务的满足度和覆盖面受限。

应对策略:政府可以通过优化财政预算分配,提高老年服务在整个预算中的比重,确保老年服务得到充分的财政支持。同时,鼓励社会投资、引导社会组织参与,多渠道筹措资金,形成共建共享的财政支持模式。

2. 资金使用效率低下

挑战:部分地区可能存在老年服务资金使用效率低下的情况,造成服务质量无法得到有效提升。

应对策略:引入市场机制,建立绩效评估体系,对老年服务机构进行定期评估,奖励表现优异的机构,提高服务的竞争性和效益。

3. 服务资源分配不均

挑战:有些地区可能存在服务资源分配不均的问题,导致老年服务的地区差异明显。

应对策略:制定差异化的财政支持政策,更多地向服务资源相对匮乏的地区倾斜,以确保老年服务的均等化。

4. 资金使用透明度不足

挑战:部分地区可能存在老年服务资金使用透明度不足的问题,导致社会对资金使用情况的不信任。

应对策略：政府应当建立完善的资金使用透明度机制，定期公布老年服务资金的使用情况，接受社会监督，确保资金使用的合理性和透明度。

财政支持与老年社会工作服务质量之间存在密切的关系。政府在财政支持中扮演的角色至关重要，通过科学合理的财政政策，可以有效促进老年服务的发展，提升服务质量。然而，在推动财政支持的同时，政府需要面对一系列挑战，如资金不足、资金使用效率低下等问题，需要通过创新机制、提高透明度等方式加以解决。只有通过政府、社会组织和市场的合力合作，才能建设更加健康、可持续、高质量的老年社会工作服务体系。老年服务的质量提升不仅仅是对老年人权益的保障，也是社会文明和人类关爱的具体体现。

第五节　技术发展对老年社会工作的影响

一、新科技在老年社会工作中的应用领域

随着科技的迅猛发展，新科技在老年社会工作中的应用逐渐成为关注焦点。这些新科技的应用不仅可以提高老年服务的效率和质量，也为老年人提供更加智能、便捷、个性化的服务。本部分将深入探讨新科技在老年社会工作中的应用领域，涵盖健康管理、社交互动、居家生活、认知支持等多个方面。

（一）健康管理领域

1. 智能健康监测设备

新科技在老年社会工作中的一大应用领域是智能健康监测设备。这些设备可以用于实时监测老年人的生理指标，包括心率、血压、血糖等。通过与智能手机或云平台连接，医护人员可以远程监控老年人的健康状况，及时发现异常情况并采取相应措施，提高健康管理的及时性和精准性。

2. 个人健康管理 APP

智能手机应用程序（APP）的广泛应用为老年人提供了更加便捷的健康管理手段。老年人可以通过这些 APP 记录健康数据、制定健康计划、接收健康建议等。一些 APP 还可以通过人工智能（AI）分析数据，为老年人提供个性化的健康管理建议，促进主动参与健康管理的意识。

3. 远程医疗服务

新科技的发展使得远程医疗服务变得更加便捷。老年人可以通过视频通话等方式

与医生进行远程会诊，咨询医疗建议。这对于居住在偏远地区或有行动不便的老年人而言，提供了更好的医疗服务接入途径，提高了医疗资源的利用效率。

（二）社交互动领域

1. 社交平台与应用

新科技为老年人提供了更多社交互动的机会。专门服务老年人的社交平台和应用应运而生，这些平台不仅能够连接老年人与家人、朋友的情感纽带，还能拓展社交圈，促进老年人之间的交流和互助。

2. 虚拟现实（VR）和增强现实（AR）

虚拟现实和增强现实技术为老年社交提供了更为丰富的体验。老年人可以通过虚拟现实环境中的社交活动，如虚拟旅行、虚拟聚会，感受更多的社交乐趣。增强现实技术也可以通过信息叠加在真实环境中，提供更多的社交互动元素。

3. 智能语音助手

智能语音助手可以成为老年人的智能社交伙伴。老年人可以通过语音指令与助手对话，提问、听音乐、播放故事等，为其带来更加智能和温馨的社交体验。

（三）居家生活领域

1. 智能家居系统

智能家居系统通过连接各种智能设备，为老年人提供更加智能化的居家生活。包括智能灯光、智能门锁、智能温控等，老年人可以通过智能手机或语音指令实现对家居环境的远程控制，提高生活的便捷性和舒适度。

2. 安全监测与报警系统

新科技在安全监测领域发挥着重要作用。老年人居住环境的安全性对其生活质量至关重要。安全监测与报警系统可以通过智能摄像头、门窗传感器等设备，实时监测老年人的居住环境，及时发现异常并报警，提高老年人居家生活的安全性。

3. 在线购物与配送服务

新科技为老年人提供了更加便捷的购物方式。老年人可以通过电子商务平台进行在线购物，选择商品后通过物流配送服务直接送到家门。这方便了老年人的购物体验，也提高了他们的生活质量。

（四）认知支持领域

1. 认知训练应用

针对老年人认知能力这一问题下降，新科技提供了一系列认知训练应用。通过这些应用，老年人可以进行记忆训练、注意力训练等认知锻炼，有助于延缓认知衰退过程。

2.虚拟现实认知疗法

虚拟现实技术不仅可以用于娱乐,还可以应用于认知疗法。一些虚拟现实应用专门设计用于认知康复,通过虚拟环境中的任务和活动,帮助老年人改善认知功能,提高注意力、记忆和问题解决能力。

3.智能医疗诊断与辅助系统

新科技的应用不仅在认知锻炼方面有所突破,还在医疗诊断和辅助方面提供了更多可能。一些智能医疗诊断系统能够通过老年人的生理和心理数据,辅助医生更准确地进行诊断,为老年人提供更个性化的医疗服务。

4.社交认知疗法

社交认知疗法利用新科技平台,通过虚拟社交和在线社交网络,促进老年人的社交互动。这种形式的社交认知疗法旨在减轻老年人的孤独感和抑郁感,提高其心理健康水平。

(五)新科技带来的挑战与解决策略

1.数字鸿沟问题

挑战:部分老年人可能因对新科技不熟或生理上的限制而无法充分利用相关服务,导致数字鸿沟的存在。

解决策略:针对数字鸿沟问题,需要开展相关培训和教育活动,提高老年人对新科技的认知和使用能力。同时,设计更加用户友好、简单直观的科技产品和服务,以确保老年人能够轻松上手。

2.隐私和安全问题

挑战:随着个人信息的数字化,老年人在使用新科技的过程中可能存在隐私和安全方面的担忧。

解决策略:加强数据保护和隐私政策,制定相关法规规范新科技在老年服务中的应用。同时,提供详尽的隐私设置和安全保障,让老年人更加放心地使用相关科技服务。

3.技术支持和维护

挑战:一些老年人可能缺乏对科技设备的维护能力,需要定期的技术支持和维护服务。

解决策略:设立专业的技术支持团队,提供远程或上门服务,解决老年人在使用新科技过程中遇到的问题。同时,确保科技产品设计具有较好的稳定性和易维护性。

4.社会认知和接受度

挑战:一些社会成员可能对老年人使用新科技持有负面态度,影响其在社会中的认知和接受度。

解决策略：通过宣传教育活动，增加社会对老年人科技应用的理解和认同。同时，营造积极的社会氛围，鼓励老年人参与科技应用，建立更加包容和理解的社会环境。

新科技在老年社会工作中的应用领域广泛且多样，涵盖健康管理、社交互动、居家生活、认知支持等多个方面。这些应用不仅提高了老年服务的效率和质量，还为老年人提供了更加便捷、智能、个性化的服务体验。

然而，随着新科技的广泛应用，也面临一系列挑战，如数字鸿沟、隐私安全、技术支持等问题。解决这些问题需要社会各界的共同努力，包括政府、科技企业、社会组织等，以确保新科技在老年社会工作中的应用更加普及、安全、可持续。通过不断优化科技产品，提高老年人对新科技的接受度，可以更好地满足老年人多样化的需求，促进老年社会工作的可持续发展。

二、技术发展对老年人服务的创新与改进

随着科技的迅猛发展，技术在老年人服务领域的创新与改进呈现出日益显著的趋势。这不仅提高了老年人生活的便利性，还为老年服务提供了更加个性化、高效和智能的解决方案。本部分将深入探讨技术发展对老年人服务的创新与改进，包括健康管理、社交互动、居家生活、认知支持等多个方面。

（一）健康管理创新

1. 智能健康监测设备

随着物联网技术的不断成熟，智能健康监测设备在老年健康管理中扮演着越来越重要的角色。老年人可通过佩戴智能手环、智能血压计等设备，实时监测生理指标，并将数据传输至云端。医护人员可以远程监控老年人的健康状况，及时采取干预措施，提高健康管理的精准度。

2. 移动医疗应用

移动医疗应用通过智能手机平台提供便捷的医疗服务。老年人可以通过应用预约医生、查看病历、获取医疗建议等。这不仅减轻了老年人因交通、时间等原因造成的就医的负担，还提高了医疗资源的利用效率。

3. 健康数据分析与人工智能

大数据和人工智能技术的发展为健康管理提供了更深入的数据分析和预测能力。通过对大量健康数据的分析，更系统地了解老年人的健康状况，提前预防慢性病、调整个性化的健康管理方案，实现更加精准的医疗服务。

（二）社交互动的创新

1. 社交媒体与应用

社交媒体和应用的普及为老年人提供了更广泛的社交互动平台。老年人可以通过社交媒体与家人、朋友保持联系，分享生活、观点，拓展社交圈。一些专门为老年人设计的社交应用，如"老有所伴"等，提供了更贴近老年人需求的功能和体验。

2. 虚拟现实（VR）和增强现实（AR）

虚拟现实和增强现实技术为老年人提供了更丰富的社交体验。老年人可以通过虚拟现实中的社交场景，感受更多的社交乐趣。增强现实技术也可以在真实环境中叠加信息，提供更多的社交互动元素，使社交更具创新性。

3. 智能语音助手

智能语音助手不仅可以为老年人提供信息服务，还可以成为智能社交伙伴。老年人可以通过语音与助手进行对话，分享心情、获取新闻、听音乐等，增强社交感和陪伴感。

（三）居家生活的改进

1. 智能家居系统

智能家居系统通过连接各类智能设备，为老年人提供更智能化的居家生活。老年人可以通过智能手机或语音指令实现对家居环境的远程控制，包括灯光、温度、安防等，提高生活的便捷性和舒适度。

2. 安全监测与报警系统

新科技在安全监测领域发挥着关键作用。老年人居住环境的安全性对其生活质量至关重要。安全监测与报警系统通过智能传感器、摄像头等设备，实时监测老年人的居住环境，及时发现异常并报警，提高老年人居家生活的安全性。

3. 在线购物与配送服务

老年人通过互联网平台进行在线购物，选择商品后通过物流配送服务直接送到家门。这不仅方便了老年人的购物体验，也提高了他们的生活质量。同时，一些电商平台也专门为老年人提供友好的购物体验，如大字体、简洁界面等，以增加其使用便利性。

（四）认知支持的创新

1. 认知训练应用

移动应用为老年人提供了各种认知训练应用，通过手机或平板设备进行记忆训练、注意力训练等，有助于老年人保持脑部活跃，延缓认知能力下降。

2. 虚拟现实认知疗法

虚拟现实技术不仅在娱乐方面有所创新，还应用于认知疗法。通过虚拟环境中的任务和活动，老年人可以进行认知康复训练，提高注意力、记忆和问题解决能力。虚拟现实认知疗法为老年人提供了一种更加沉浸式、个性化的认知康复体验。

3. 智能医疗诊断与辅助系统

新科技在医疗领域为老年人提供了更多智能医疗诊断与辅助系统。通过智能医疗设备和算法，可以更准确地进行医学诊断和治疗规划。智能医疗辅助系统也为老年人提供了更方便的医疗服务，例如智能药盒提醒、在线医疗咨询等。

4. 社交认知疗法

社交认知疗法通过结合社交互动和认知训练，帮助老年人提高社交和认知能力。通过在线社交平台、虚拟群组等，老年人可以参与社交活动，分享经验、交流观点，促进社交和认知的综合锻炼。

（五）挑战与应对策略

1. 技术接受度

挑战：一些老年人对新科技的接受度较低，由于技术操作复杂或认知障碍，难以充分利用相关服务。

应对策略：开展相关培训和教育活动，向老年人普及科技知识，提高他们对新科技的认知和接受度。设计更加用户友好、简单直观的科技产品，以确保老年人能够轻松上手。

2. 隐私与安全问题

挑战：随着个人信息的数字化，老年人在使用新科技的过程中面临隐私和安全方面的担忧。

应对策略：制定相关法规规范新科技在老年服务中的应用，加强数据保护和隐私政策。提供详尽的隐私设置和安全保障，让老年人更加放心地使用相关科技服务。

3. 数字鸿沟问题

挑战：部分老年人由于教育水平、地域等原因，无法享受到新科技带来的便利。

应对策略：提供定制化的培训计划，根据老年人的实际情况进行个性化的技术培训。推动基础设施建设，确保更多地区能够接入互联网，缩小数字鸿沟。

4. 技术支持和维护

挑战：一些老年人缺乏对科技设备的维护能力，需要定期的技术支持和维护服务。

应对策略：设立专业的技术支持团队，提供远程或上门服务，解决老年人在使用新科技过程中遇到的问题。同时，确保科技产品设计具有较好的稳定性和易维护性。

技术发展对老年人服务的创新与改进在健康管理、社交互动、居家生活、认知支持等多个方面都取得了显著成果。这些技术创新不仅提高了老年人的生活质量，还为老年服务提供了更加智能、个性化、高效的解决方案。

然而，应对相关挑战仍然是推动技术发展在老年服务中发挥更大作用的关键，需要政府、科技企业、社会组织等各方面共同努力，通过培训、法规制定、隐私保护等手段，确保老年人在科技创新中能够平等地享受便利与关怀。技术创新的持续推进将为老年人提供更多可能性，促进老年服务的全面、高质量发展。

三、应对技术变革带来的老年社会工作挑战与机遇

随着科技的快速发展，老年社会工作面临着前所未有的挑战和机遇。技术的变革不仅为老年人服务提供了新的可能性，也带来了一系列的社会工作问题。本部分将深入探讨技术变革对老年社会工作的影响，以及应对这些挑战所蕴含的机遇。

（一）挑战

1. 数字鸿沟加剧

随着数字化技术的广泛应用，老年人中存在数字鸿沟的问题日益突出。一些老年人由于文化程度、技术素养等方面的限制，难以适应新科技的使用，导致信息获取和社会参与的不平等现象。

应对策略：实施普及数字科技的培训计划，针对老年人的特点，提供易于理解、易于操作的培训内容。设立数字化服务中心，提供一对一的技术支持，消除数字鸿沟。

2. 隐私和安全问题

随着老年人信息的数字化，隐私和安全问题引起了广泛关注。老年人可能因为对新科技的不熟悉而容易受到网络诈骗、信息泄露等问题的影响。

应对策略：制定完善的隐私保护法规和政策，保障老年人的个人信息安全。开展网络安全宣传教育，提高老年人对网络风险的警惕性。推动科技企业设计更加安全可靠的老年友好型产品。

3. 社会关系减弱

科技的发展可能导致老年人社会关系减弱的问题。虽然科技提供了更多的社交互动方式，但老年人在使用社交媒体时因缺乏面对面交流的机会，易增加孤独感。

应对策略：引导老年人正确使用社交媒体，鼓励他们保持线下社交活动。建立社区科技学习小组，促进老年人相互之间的技术互助，增进社交关系。

（二）机遇

1. 智能健康管理

技术的进步为智能健康管理提供了新的机遇。智能健康监测设备、移动医疗应用等技术工具可以帮助老年人实时监测健康状况，及时采取干预措施，提高健康管理的精准性和便捷性。

应对策略：推动智能健康管理技术的普及，加强对老年人健康数据的隐私保护，

促进老年人积极参与健康管理,提高生活质量。

2. 在线社交与互助

新科技为老年人提供了更多的在线社交与互助机会。社交媒体、虚拟社区等平台使老年人能够方便地与亲友交流,也有助于拓展社交圈,减缓因退休或生活变迁而带来的孤独感。

应对策略:鼓励老年人参与在线社交,提供培训以提高其使用这些平台的技能。倡导社会组织和志愿者参与,建设老年人在线社交的有益环境。

3. 智能居家生活

智能家居系统和安全监测与报警系统为老年人提供更智能、安全的居家生活环境。老年人可以通过远程控制设备,提高生活的便捷性。安全监测系统可以实时监测老年人居住环境,及时发现异常,提高安全性。

应对策略:推广智能家居设备,提供老年人友好型的产品,加强对设备使用方法的培训。倡导政府和社会机构投资智能居家系统,为老年人提供更好的生活保障。

4. 认知支持与康复

新科技在认知支持和康复方面提供了更多可能性。虚拟现实认知疗法、智能医疗诊断系统等技术工具可以帮助老年人进行认知训练和康复,延缓认知衰退时间。

应对策略:引导老年人积极参与认知康复项目,提供个性化的康复方案。鼓励医疗机构采用智能医疗系统,提高医疗服务的质量和效率。

(三)综合应对策略

1. 整合资源,提升老年人科技素养

政府、社会机构和企业可以共同合作,整合资源,开展面向老年人的科技培训计划。通过设立培训中心、举办社区科技学习班等方式,提升老年人的科技素养,使其更好地适应科技变革。

2. 制定科技法规和政策

为了保护老年人在科技应用中的权益,政府应加强法规和政策的制定。包括但不限于隐私保护、信息安全、数字鸿沟缩小等方面的法规,以确保老年人在科技变革中能够享受安全便捷的服务。

3. 促进公共服务的数字化转型

政府和社会组织应当鼓励和支持公共服务的数字化转型,包括医疗服务、社会福利、社区服务等。通过建设数字化服务平台,提高服务的普及度和可及性,确保老年人能够方便地获取各类服务。

4. 加强社区建设与互助网络

鼓励社区建设更加智能化、友好化,提供老年人社交、健康、娱乐等多方面的服务。

同时，倡导建立老年人互助网络，通过技术手段促进老年人之间的互助和支持。

5. 提高科技产品的老年友好性

科技企业在设计和生产产品时，应更加关注老年用户的需求。采用老年友好设计原则，确保产品界面简单直观，操作容易上手。增加对老年人特殊需求的考虑，例如放大字体、语音提示等。

6. 加强研究与创新

鼓励科研机构、企业和社会组织加强老年科技研究与创新。通过推动科技创新，不断提升老年服务的质量和效果，满足老年人多样化的需求。

技术变革给老年社会工作带来了一系列挑战，但也发展出丰富的机遇。通过综合应对策略，可以最大化发挥技术优势，促进老年社会工作的可持续发展。

政府、社会机构、科技企业和社会组织需要共同努力，形成合力。培养老年人的科技素养，保障其在科技变革中的权益，推动数字化服务的普及和深入，是应对技术变革挑战的重要举措。同时，加强社区建设、提高科技产品的老年友好性，都是推动老年社会工作更好适应科技变革的有效途径。

在技术创新的浪潮中，老年社会工作有望迎来更多发展的机遇，为老年人提供更为便捷、智能、贴心的服务。通过共同努力，可以确保科技变革成为推动老年社会工作发展的动力，使老年人更好地融入数字化时代，享受科技发展带来的便利与关怀。

第六节 公众对老年社会工作的认知与态度

一、公众对老年社会工作的认知水平

老年社会工作是一项关乎社会公益和社会公平的重要工作。然而，公众对老年社会工作的认知水平却往往相对较低，这会导致社会对老年人群体的需求和问题的理解不足，影响相关政策的制定和实施。本部分将深入探讨公众对老年社会工作的认知水平，分析存在的问题，并提出提升认知水平的策略。

（一）公众对老年社会工作的认知状况

1. 老年社会工作的概念认知

许多人对老年社会工作的概念存在一定的模糊，甚至存在误解。有的人将老年社会工作仅仅理解为养老院、福利机构的服务，而忽略了更广泛的老年人群体需求的关注和解决。

2.对老年问题的认知

公众对于老年人面临的问题，如健康、经济、社会孤立等，了解并认识不足。一些问题可能被认为是个体问题，而忽略了老年人整体面临的社会结构性挑战。

3.对老年人权益的认知

老年人权益保障是老年社会工作的重要方面，但公众对老年人的权益和尊严的保护意识相对较低，容易忽视老年人在社会中的地位和需求。

4.老年社会工作者的角色认知

公众对于从事老年社会工作的专业人士的角色和职责了解不足。老年社会工作者在社会服务、心理支持、法律援助等方面的贡献没有被充分认可。

（二）问题分析

1.媒体传播不足

媒体对老年社会工作的报道相对较少，缺乏对老年社会工作的全面解读和深入报道。老年社会工作的相关信息难以进入公众视野，导致认知水平不高。

2.社会教育匮乏

在学校教育和社会教育中，老年社会工作的内容相对较少，相关知识和理念未能在公众中得到普及。这使得大多数人对老年社会工作缺乏基本的认知基础。

3.重视年轻化问题

社会普遍存在对年轻人过度关注，而忽视老年人的需求和问题。这种社会价值观的偏向导致老年社会工作相对被边缘化，公众对其关注度不足。

4.社会矛盾与紧张关系

社会矛盾和紧张关系的存在使得公众更容易关注社会动荡和问题，而忽视了需要更多关怀和支持的老年人群体。这也影响了公众对老年社会工作的认知。

（三）提升认知水平的策略

1.加强媒体宣传

通过各类媒体，包括电视、广播、互联网等，加强对老年社会工作的宣传报道。通过真实的案例、成功的经验，展现老年社会工作的价值和重要性，提高公众的关注度。

2.引入老年社会工作教育

在学校课程和社会培训中引入老年社会工作的相关内容，提高公众的老年社会工作知识水平。通过开设相关课程、讲座，培养公众对老年社会工作的兴趣和认同感。

3.创新宣传手段

借助新媒体、社交平台等现代化手段，创新老年社会工作的宣传方式。通过短视频、社交媒体分享等形式，生动形象地展示老年社会工作的成果和影响，吸引更多人关注。

4. 倡导社会关爱理念

通过倡导社会关爱理念，呼吁社会更加关注老年人的需求和问题。组织相关活动，引导社会价值观的转变，让老年社会工作成为社会共识，使公众更加关注和支持老年人群体。

5. 加强老年社会工作机构的对外交流

老年社会工作机构应主动与社会沟通，开展对外交流活动。通过与公众互动，介绍老年社会工作的实际情况、亮点和挑战，使公众更全面地了解老年社会工作。

提升公众对老年社会工作的认知水平是全社会共同努力的事业。通过媒体宣传、教育培训、社会倡导等多方面的手段，可以逐步改变公众对老年社会工作的认知。

二、社会媒体与老年社会工作信息传播

随着社会媒体的兴起和普及，信息传播方式发生了深刻变革。社会媒体不仅改变了人们获取信息的途径，也发展成了老年社会工作信息传播的重要平台。本部分将深入探讨社会媒体在老年社会工作信息传播中的作用、挑战以及未来的发展方向。

（一）社会媒体在老年社会工作信息传播中的作用

1. 平台普及老年社会工作知识

社会媒体平台为老年社会工作机构提供了一个更广泛的传播渠道。通过发布文章、图片、视频等多媒体内容，机构可以普及老年社会工作的知识，向公众介绍服务项目、政策法规、养老知识等，提高老年社会工作的认知度。

2. 强化老年人群体沟通

社会媒体为老年人提供了一个在线社交的平台，使他们能够更加便捷地参与社会交流。老年人可以通过社交媒体了解最新的社会工作动态、分享自己的经验，建立社交网络，减轻因社会孤立而引发的问题。

3. 提升老年人服务的透明度

社会媒体平台可以使老年人更加直观地了解老年社会工作的服务内容、质量和效果。通过发布服务项目的实时信息、成功案例等，提高老年人对服务的信任，提高服务的透明度和公正性。

4. 创新老年人服务模式

社会媒体平台为老年社会工作创新服务模式提供了可能性。通过在线咨询、虚拟社区等形式，机构可以更灵活地满足老年人的个性化需求，提高服务的贴心度和灵活性。

（二）社会媒体在老年社会工作信息传播中的挑战

1. 数字鸿沟问题

老年人中存在一部分不熟悉或不善于使用社会媒体的群体，这加剧了数字鸿沟问题。这部分老年人可能无法充分获取到通过社会媒体传播的相关信息，导致信息传播的不均衡。

2. 隐私和安全问题

老年人在使用社会媒体时可能会面临隐私和安全问题，包括个人信息泄露、网络诈骗等。这可能影响老年人对社会媒体的信任度，减缓其参与的积极性。

3. 信息真实性和可信度

社会媒体上信息的真实性难以保证，存在谣言、虚假广告等问题。老年人由于相对较少的互联网经验，容易受到误导，影响其对老年社会工作信息的判断。

4. 沟通障碍

社会媒体通常以年轻人为主要用户群体，其界面和操作方式可能不够友好，对老年人存在一定的沟通障碍。这使得老年人更难以充分利用社会媒体获取所需信息。

（三）社会媒体在老年社会工作信息传播中的应对策略

1. 专门社交媒体平台

为老年社会工作建立专门的社交媒体平台，简化界面、提供易操作的功能，使老年人更容易上手。这样的专门平台可以更好地满足老年人的信息获取和社交需求。

2. 定制化服务

在社会媒体上提供定制化的服务，根据老年人的兴趣、偏好和需求，个性化地推送相关信息。这有助于老年人更有针对性地获取所需信息，增强信息的精准性。

3. 提供在线培训

为老年人提供社会媒体的基础培训，包括注册账号、浏览信息、发布内容等操作。通过开设线上或线下的培训课程，提高老年人对社会媒体的熟悉程度，消除数字鸿沟。培训内容可以包括如何辨别虚假信息、保护个人隐私等，以提高老年人在社交媒体上的安全意识。

4. 增强信息可信度

老年社会工作机构在社会媒体上发布信息时，应强调信息的真实性、来源可靠性。加强对老年人的信息教育，培养他们辨别信息真伪的能力，提高信息的可信度。

5. 提供多样化的传播形式

除文字信息外，社会媒体平台还可以通过图片、视频等形式传播老年社会工作信息。这有助于提升信息的吸引力和易理解性，满足老年人多样化的信息获取需求。

6.建立社会媒体服务团队

建立专门的社会媒体服务团队，负责与老年人互动、回复问题、提供帮助。通过建立更加亲近、贴心的沟通方式，促进老年人更积极地参与社交媒体，提高信息传播的效果。

（四）社会媒体在老年社会工作中的未来发展

1.智能化服务

随着人工智能的发展，社会媒体平台可以更好地利用智能技术，为老年人提供个性化、智能化的服务。通过智能推荐算法，精准推送与老年人需求相关的信息，提升服务的效果。

2.虚拟社区的建设

社会媒体平台可以建设更加真实、互动性强的虚拟社区，让老年人能够更便捷地参与进来。通过虚拟社区，老年人可以进行在线互助、分享经验，建立更紧密的社交关系。

3."互联网+"老年社会工作

将"互联网+"理念引入老年社会工作，通过社会媒体平台实现老年人服务的全流程互联网化。包括在线预约服务、远程医疗咨询、数字化社交活动等，提高服务的时效性和便捷性。

4.社会媒体平台的老年友好设计

社会媒体平台应当更加注重老年友好设计，包括简化操作界面、增加字体大小、提供语音导航等。通过提供更友好的用户体验，吸引更多老年人使用社交媒体获取信息。

5.跨代沟通的促进

社会媒体平台可以推动跨代沟通，鼓励不同年龄层次的人在同一平台分享信息、交流经验。这有助于拉近不同年龄群体间的距离，促进社会更全面地关注老年人的需求。

社会媒体在老年社会工作信息传播中发挥着越来越重要的作用。通过提供便捷的信息获取途径、促进老年人社交、创新服务模式等方式，社会媒体为老年社会工作注入了新的活力。

然而，社会媒体在老年社会工作中仍然面临一些挑战，包括数字鸿沟、隐私安全等问题。为了更好地发挥社会媒体的优势，需要老年社会工作者、社会媒体平台提供商以及政府等多方共同努力，制定更加老年友好的政策和服务，提升老年人在社会媒体上的体验，推动老年社会工作的可持续发展。

三、促进公众更积极参与老年社会工作的沟通与互动

老年社会工作是社会公益事业的一部分，而公众的积极参与对于老年社会工作的发展至关重要。通过有效的沟通与互动，加深公众对老年社会工作的理解，提高参与度，为老年人提供更全面、关爱的服务。本部分将深入探讨促进公众更积极参与老年社会工作的沟通与互动的策略和方法。

（一）沟通与互动的重要性

1. 提高公众对老年社会工作的认知度

通过积极的沟通和互动，可以提高公众对老年社会工作的认知度。公众对老年社会工作有深刻的理解，将更加关注老年人的需求，为老年社会工作的开展提供更为有力的支持。

2. 增强社区凝聚力

积极的沟通与互动有助于建立更加紧密的社区关系。通过与公众的互动，促进社区居民之间的相互理解和合作，形成更加团结的社区，共同关心、支持老年人的生活和福祉。

3. 改变公众对老年人的刻板印象

通过有针对性的沟通，可以改变公众对老年人的刻板印象，使其更全面地认识老年人，理解他们的需求和贡献。这有助于消除对老年人的歧视，促进社会更加尊重和关爱老年人。

4. 政策制定的参与度提升

公众的积极参与可以为老年社会工作的政策制定提供更多的意见和建议。通过与公众沟通，政府可以更全面地了解社会需求，制定更符合实际情况的政策，提高政策的实施效果。

（二）促进公众更积极参与的策略

1. 制定全面的沟通计划

老年社会工作机构应制定全面的沟通计划，包括明确的目标、受众群体、沟通渠道和内容。通过有计划的沟通，更好地传递老年社会工作的价值和成果，引导公众参与。

2. 创新沟通渠道

利用多样化的沟通渠道，包括社交媒体、公益活动、线上线下互动等，以满足不同人群的沟通需求。通过在新媒体平台上发布信息、举办线上讲座、开展社区活动等方式，拓展沟通范围。

3. 建立老年社会工作志愿者团队

设立专门的老年社会工作志愿者团队，吸引更多热心公众加入。志愿者们可以成为信息传播的重要力量，通过参与实际工作，深入了解老年人的需求，传递更真实、贴近生活的信息。

4. 倡导老年友好社会理念

通过倡导老年友好社会理念，鼓励社会更关注老年人的权益和需求。通过媒体、社交平台等宣传，引导公众积极参与老年社会工作，共同创造对老年人更加友好的社会环境。

5. 提供信息反馈渠道

建立信息反馈机制，为公众提供表达意见和建议的渠道。通过社交媒体、网站留言板、线下会议等方式，及时了解公众的反馈，更好地满足公众需求，调整和优化服务。

6. 举办互动活动

定期举办互动活动，如座谈会、亲子活动、老年人社区聚会等，促进公众与老年人间的直接交流。这有助于拉近双方的距离，增强社区凝聚力，推动公众更积极地参与老年社会工作。

（三）面临的挑战和应对策略

1. 信息过载

在互联网时代，信息过载是一个普遍存在的问题。为了避免信息过载，老年社会工作机构应当精心策划沟通内容，杜绝频繁发布大量重复信息。同时，倡导简明扼要的传播方式，让信息更容易被理解和接受。

2. 数字鸿沟

由于数字鸿沟的存在，一些老年人可能无法直接通过互联网参与沟通与互动。为了解决这一问题，可以开展线下活动，提供纸质宣传资料，同时通过社区工作者或志愿者上门服务，确保所有居民都能获取到信息。

3. 缺乏共识

一些公众可能对老年社会工作的重要性缺乏共识，认为这是政府的责任而非整个社会的责任。在面对这种情况时，需要通过教育、宣传、案例分享等方式，逐步提高公众对老年社会工作的认知和理解，促使更多人参与。

4. 意见分歧

在沟通和互动的过程中，可能会出现意见分歧，一些公众可能对工作效果提出质疑。这对这种情况，老年社会工作机构应当保持开放心态，及时回应公众关切，通过透明的信息公开和有效的沟通，化解矛盾，争取更多理解和支持。

（四）展望未来

为了促进公众更积极参与老年社会工作的沟通与互动，需要社会各界共同努力。未来，可以通过以下方向不断提升参与度：

1. 科技创新的引入

借助科技创新，如虚拟现实（VR）和增强现实（AR），可以创造更生动、直观的沟通方式，提高公众对老年社会工作的关注度。例如，通过 VR 技术让公众身临其境地感受老年人的生活，增强情感共鸣。

2. 多方合作

加强政府、社会组织、企业、媒体等多方的合作，形成联动效应。通过共同努力，整合各方资源，更便捷地传递信息，推动老年社会工作的深入发展。

3. 强化社会教育

通过加强老年社会工作的社会教育，让公众更深刻地了解老年人的需求，增强社会责任感。这可以通过学校、社区培训、宣传活动等形式进行，形成对老年社会工作的正面认知。

4. 拓展国际交流

借鉴国际先进经验，拓展与其他国家的交流与合作。通过了解其他国家成功的沟通与互动策略，为我国老年社会工作提供更丰富的思路和方法。

5. 引导社会共识

通过深入的社会调研、专业的宣传推广，逐步引导社会形成对老年社会工作的共识。建立老年社会工作的品牌形象，使之成为社会价值体系中不可或缺的一部分。

通过以上努力，可以期待未来老年社会工作得到更广泛的认可和支持，公众对其的参与度不断提升，为构建更加友好的老年社会环境奠定坚实基础。这不仅有助于提高老年人的福祉，也将为社会的可持续发展做出更大的贡献。

第六章　老年社会工作的专业发展与培训

第一节　老年社会工作专业的发展历程

一、老年社会工作专业的形成与演变

老年社会工作专业的形成与演变深受社会变迁、人口结构变化等多方面因素的影响的历史过程。本部分将探讨老年社会工作专业的形成与演变，并剖析其中的影响因素、发展阶段以及专业的未来走向。

（一）老年社会工作专业的形成

1. 人口老龄化的背景

老年社会工作专业的形成根植于人口老龄化的背景。随着医疗水平的提高、社会福利的完善，人口老龄化现象逐渐显现。越来越多的老年人群需要专业的服务，对老年社会工作人才的需求也日益增加。

2. 对老年人需求的认知提升

社会对老年人需求的认知逐步提升，人们对老年人群的关注度增加。这种认知提升使得社会逐渐认识到老年人的特殊需求，为了更好地满足这一需求，需要专业的老年社会工作人员。

3. 政策法规的支持

随着老年人群体的壮大，政府逐渐重视老年社会工作。相关的政策法规出台，为老年社会工作提供了法律基础。这为老年社会工作专业的形成提供了政策支持和保障。

（二）老年社会工作专业的发展阶段

1. 起步阶段

老年社会工作专业的起步阶段主要表现为在相关领域逐渐涌现一些志愿者和从事相关工作的人员。这一阶段，还没有形成系统的专业培训和教育体系，大多数人是在实践中逐渐积累经验。

2. 专业化培训的兴起

随着对老年社会工作需求的不断增加，社会开始关注相关专业培训。一些机构和社会组织开始开展老年社会工作相关的培训课程，以提升从业者的专业水平。这一阶段，专业化培训逐渐兴起，为形成专业人才奠定了基础。

3. 高校老年社会工作专业设立

为了更好地满足社会对老年社会工作人才的需求，一些高校开始设立老年社会工作专业。这一阶段，专业的培训和教育进入正规的学校体系，使老年社会工作专业逐渐成为独立的学科门类。

4. 学科体系不断完善

随着老年社会工作专业的不断发展，学科体系也在不断完善。相关专业课程涵盖老年心理学、老年卫生学、社会工作实务等多领域，为学生提供更为全面的专业知识。

（三）老年社会工作专业的主要影响因素

1. 社会结构变迁

社会结构的变迁是老年社会工作专业形成和发展的重要原因之一。人口老龄化、家庭结构变化等社会结构的调整使得老年人需求多样化，对专业人才的需求也更加复杂。

2. 政策支持

政府的政策支持是老年社会工作专业得以形成和发展的重要保障。政府出台相关政策法规，提供专业人才培训和发展的政策支持，为老年社会工作专业的发展创造了良好环境。

3. 公众关注度

公众对老年人需求的关注度提升，使得老年社会工作成为社会热点话题。这种关注度的提升既带动了相关专业的发展，也促进社会对老年社会工作专业的认可度不断提高。

4. 科技的进步

科技的进步为老年社会工作专业的发展提供了新的发展机遇。数字化、信息化等技术的应用使得老年人服务更加便捷，也为相关专业的创新提供了更多的可能性。

（四）老年社会工作专业的未来走向

1. 专业深度提升

随着老年社会工作专业的发展，可以预见未来专业深度将会不断提升。专业领域将更为细分，不仅涵盖心理、卫生、社会工作等多个方面，还可能涉及老年人法律权益、文化娱乐等更为具体的专业领域。

2. 国际合作与交流

老年社会工作专业未来可能更加注重国际合作与交流。在全球化背景下，吸收借鉴其他国家的成功经验，加强国际合作，共同应对老年人服务面临的共同挑战，将有助于推动老年社会工作专业的全球发展。

3. 科技与创新整合

未来，老年社会工作专业将更加积极地整合科技与创新。借助人工智能、大数据分析等技术，专业人才可以更精准地了解老年人需求、提供个性化的服务。同时，创新的社会工作模式将会涌现，以适应不断变化的社会和老年人需求。

4. 社会工作者多元化培养

为了更好地应对老年社会工作的多样性和专业性，未来的发展趋势可能包括社会工作者的多元化培养。除传统社会工作专业的培训外，可能还会有交叉学科的培养，例如结合医学、心理学、法学等领域的知识，以更全面地服务老年人。

5. 跨学科研究的加强

老年社会工作专业未来可能更加强调跨学科研究。与其他相关领域的学科合作，例如医学、护理学、社会学等，将为老年社会工作提供更多的维度和深度，促使更科学、更综合的服务方式的产生。

6. 面向未来社会需求的调整

老年社会工作专业需要不断调整以适应未来社会的需求。未来可能面临更多的老年人居家养老、智能化老年服务等新趋势，因此，专业人才需要具备更强的创新意识和适应力，以更好地应对未来的挑战。

老年社会工作专业的形成与演变是社会发展、人口结构变迁、政策法规共同作用的产物。在起步阶段，志愿者和实践者通过实际行动为老年人服务；专业化培训的兴起使得培训机构开始提供相关课程；高校老年社会工作专业设立使得该专业进入正规的学科门类；学科体系的不断完善使得老年社会工作的培训更加全面。主要影响因素包括社会结构变迁、政策支持、公众关注度和科技进步等。

未来，老年社会工作专业有望在专业深度提升、国际合作与交流、科技与创新整合、社会工作者多元化培养、跨学科研究加强以及面向未来社会需求的调整等方面取得更为显著的进展。在全球范围内，老年社会工作专业将更加关注老年人的综合需求，通过不断创新和适应，为老年人提供更为优质、贴心的服务，促进社会更好地关爱和尊重老年人，实现老年社会工作的可持续发展。

二、国际老年社会工作专业的先进经验与启示

国际上老年社会工作专业的发展经验为各国提供了宝贵的启示，尤其是在人口老

龄化不断加剧的当今社会。通过学习和借鉴其他国家的先进经验，我们可以更好地优化我国的老年社会工作专业，提升服务水平，更全面地关注和满足老年人的需求。本部分将探讨一些国际上先进的老年社会工作专业经验，并总结其对我国的启示。

（一）强调跨学科融合

1. 美国的社会工作与护理融合

在美国，老年社会工作专业强调与护理专业的融合。社会工作者与护理人员共同参与老年人服务，形成协同作用。这种跨学科融合使得老年人得到更全面、综合的服务，不仅关注心理和社会层面的需求，还注重身体健康和医疗护理。

启示：在我国，可以加强老年社会工作专业与医学、护理学等专业的合作，培养具备全方位服务能力的跨学科专业人才，提升老年人的生活质量。

2. 英国的社会关怀与社区服务一体化

英国实行社会关怀与社区服务一体化的模式，通过社区服务中心提供老年人所需的各类支持，包括医疗、心理、社交等多方面的服务。社会工作者与社区护理人员共同为老年人提供全面关怀。

启示：我国可以借鉴英国的经验，通过建设社区服务中心，实现老年社会工作与社区服务的一体化，为老年人提供更便捷、贴心的服务。

（二）注重社会工作者的多元培养

1. 日本的老年社会工作者培养模式

日本的老年社会工作者培养模式注重社会工作者的多元培养，不仅包括专业知识的传授，还注重实践技能的培养。培训机构与实际服务机构合作，让学生在真实的服务场景中接触和处理问题，提升实践能力。

启示：我国老年社会工作专业的培养可以更加注重实践性，与实际服务机构建立更紧密的联系，让学生在实践中更好地应对各种挑战。

2. 澳大利亚的社会工作者多元背景

澳大利亚的老年社会工作者来自不同的背景，包括社会学、心理学、护理学等多个专业。这种多元背景有助于老年社会工作者更全面地理解老年人的需求，提供更贴近实际的服务。

启示：我国可以通过拓宽老年社会工作专业的招生专业背景，吸引更多不同专业的人才加入老年社会工作，形成更加多元化的团队。

（三）倡导社区参与和居家养老

1. 荷兰的社区参与和康复护理

荷兰倡导社区参与和康复护理，通过社区康复中心、社区活动等方式，鼓励老年人积极参与社区生活，延缓老年衰退。社会工作者在社区中发挥重要作用，帮助老年人融入社区，提高生活质量。

启示：我国可以在老年社会工作中加强社区参与，鼓励老年人参与各类社区活动，促进社会融合，提升老年人的生活幸福感。

2. 加拿大的居家养老服务

加拿大注重居家养老服务，提供各类便利服务，如社会工作者上门服务、护理人员提供居家医疗等。社会工作者与其他专业人员共同为老年人提供全方位的居家养老服务。

启示：我国可借鉴加拿大的居家养老服务模式，通过社会工作者与其他专业人员协同合作，为老年人提供更便捷、贴心的居家服务。

（四）借鉴国际科技创新应用

1. 美国的智能化老年健康监测

美国借助智能科技，开展老年健康监测。通过智能设备、传感器等技术，及时监测老年人的健康状况，为社会工作者提供及时的数据支持，提升服务的精准性和效果。

启示：我国可以借鉴美国的经验，加强智能科技在老年社会工作中的应用，提升服务的科技水平，更好地满足老年人的个性化需求。

2. 日本的老年人科技培训

日本注重老年人的科技培训，通过开展针对老年人的数字技能培训，提高其使用智能设备的能力，更好地参与社会互动。社会工作者参与培训，帮助老年人适应科技发展，提升生活质量。

启示：我国可以加强老年社会工作专业人才的科技培训，使其具备为老年人提供数字化服务的能力，促进老年人更好地融入数字社会。

（五）强调政策法规与社会意识

1. 瑞典的老年权益法规

瑞典通过建立完善的老年权益法规，明确老年人的权利和福利，保障其合法权益。社会工作者在这一体系下积极维护老年人权益，提供法律援助和咨询服务。

启示：我国可以借鉴瑞典的做法，建立更为完善的老年权益法规体系，通过法治手段加强对老年人的保护，使社会工作者在其中发挥重要作用。

2. 澳大利亚的老年权益宣传

澳大利亚通过大力宣传老年权益，提高社会对老年人权益的关注。社会工作者在宣传中发挥积极作用，帮助老年人了解并维护自身权益。

启示：我国可通过广泛的社会宣传，提高老年人权益的社会关注度，使老年人更加自觉地行使和保护自己的权益。

（六）建立国际合作机制

1. 联合国老年人权利公约

联合国通过《老年人权利公约》为全球老年人权益提供了国际法律保障。各国在该框架下展开合作，分享经验，共同推动老年人权利的实现。

启示：我国可以积极参与国际合作，与其他国家分享老年社会工作经验，共同促进老年人权益保障的全球发展。

2. 国际交流与合作项目

通过国际交流与合作项目，各国社会工作者可以互相学习、交流先进经验。各国间的经验互通，有助于推动老年社会工作专业的全球发展，促进更广泛的共识和合作。

启示：我国可通过举办国际性的老年社会工作专业交流会、合作项目等方式，促进国际经验交流，充分吸取其他国家的先进理念与方法。

（七）注重社会工作者的职业发展

1. 加拿大的社会工作者培训与职业发展

在加拿大，社会工作者培训不仅注重专业知识的传授，而且强调实践技能的培养，还提供更广泛的职业发展机会。社会工作者在职业发展中有更多的选择和发展空间。

启示：我国可通过加强老年社会工作专业的职业发展体系建设，为社会工作者提供更多的培训机会、晋升途径，激励更多的专业人才加入该领域。

2. 英国的社会工作者评估体系

英国建立了科学、全面的社会工作者评估体系，通过对社会工作者的评估，保证其在服务中的专业水平。社会工作者在不同阶段都有机会接受评估，并在此基础上制定个人发展计划。

启示：我国可借鉴英国的社会工作者评估体系，建立更科学、更全面的社会工作者考核机制，提升专业水平。

国际老年社会工作专业的先进经验为我国提供了宝贵的借鉴和启示。在跨学科融合、多元背景培养、社区参与、科技创新应用、法规保障、国际合作、职业发展等方面，各国均有丰富的经验。通过学习借鉴，我国可以更好地优化老年社会工作专业，提升服务水平，为老年人提供更全面、贴心的服务，推动老年社会工作事业的可持续发展。同时，强调政策法规的制定与实施，建立更加科学的社会工作者评估机制，注重社会工作者的培训与职业发展，为我国在未来发展老年社会工作专业提供重点关注和借鉴的。

第二节　老年社会工作人员的专业素养与能力

一、老年社会工作人员的基本素养要求

老年社会工作人员是为老年人提供服务、关爱和支持的专业人士，其工作涉及心理、医疗、社会等多个领域。为了胜任这一特殊而重要的职业，老年社会工作人员需要具备一系列基本素养。这些素养既包括专业技能，也包括人文关怀，以确保他们能够更好地满足老年人的需求，提高老年人的生活质量。本部分将深入探讨老年社会工作人员的基本素养要求，包括专业技能、沟通能力、同理心、文化敏感性等多个方面。

（一）专业技能与知识素养

1. 社会工作专业知识

老年社会工作人员需要具备扎实的社会工作专业知识，包括老年心理学、社会学、法律法规等方面的知识。对老年人生理、心理、社会需求的深刻理解是提供有效服务的基础。

2. 医学与护理知识

由于老年人的身体状况多样，老年社会工作人员需要了解基本的医学与护理知识，以更好地配合医护团队，为老年人提供全面的服务。

3. 社会政策与法规

老年社会工作人员需要熟悉相关的社会政策与法规，包括老年人福利政策、医疗保障政策等，以确保老年人能够充分享受社会福利和权益。

4. 危机干预技能

老年社会工作人员需要具备危机干预的技能，能够及时应对老年人面临的紧急情况，保障其身体和心理的安全。

（二）人文关怀与沟通技能

1. 同理心与尊重

老年社会工作人员需要具备较强的同理心，能够理解老年人的感受和需求。同时，尊重老年人的选择和意愿，确保服务是基于老年人的真实需求而展开的。

2. 沟通技能

老年社会工作人员需要优秀的沟通技能，能要与老年人、家属、医护人员等各方进行有效沟通。清晰的表达和耐心的倾听是保持沟通畅通的关键。

3. 团队协作

在服务老年人的过程中，老年社会工作人员通常需要与多个专业领域的人员协作，如医护人员、心理医生等。因此，团队协作的能力是其工作的重要一环。

4. 文化敏感性

老年社会工作人员服务的对象涵盖不同文化背景的老年人，因此需要具备一定的文化敏感性，了解不同文化下老年人的习惯、信仰等，以更好地提供个性化服务。

（三）创新意识与问题解决能力

1. 创新思维

老年社会工作人员需要具备一定的创新意识，以适应社会变革和老年服务模式的不断更新。善于运用新技术、新理念，提高服务效能。

2. 问题解决能力

老年人服务中常常涉及复杂的问题，老年社会工作人员需要有较强的问题解决能力，能迅速准确地找到问题的根源，并提供有效的解决方案。

3. 持续学习与专业发展

老年社会工作领域的知识和服务模式不断更新，因此，老年社会工作人员需要具备持续学习的习惯，关注最新的研究成果和服务理念，以不断提升自己的专业水平。

（四）灵活适应与压力管理

1. 灵活适应性

老年社会工作人员需要具备灵活适应的能力，能够在复杂多变的工作环境中迅速调整自己的工作计划和服务方式，以更好地应对各种挑战。

2. 压力管理

老年社会工作人员常常面临工作压力，特别是在处理老年人病情恶化、家庭矛盾等问题时。因此，压力管理是其职业生涯中的重要素养，要具备保持冷静、理性应对各种压力的能力。

（五）道德操守与责任心

1. 道德操守

老年社会工作人员需要具备高尚的职业道德操守，保持对老年人的敬意，不滥用权力，始终以老年人的福祉为首要考虑。

2. 责任心

对老年社会工作人员而言，服务老年人是一项充满责任感的任务。他们需要对自己的工作充满责任心，确保提供的服务是高质量的、有益于老年人身心健康的。

3. 保护隐私意识

老年社会工作人员在工作中接触到老年人的个人隐私信息，因此需要具备严格的隐私保护意识。确保老年人的隐私得到妥善保护，不泄露个人信息。

4. 公正公平原则

在服务老年人的过程中，老年社会工作人员需要本着公正公平的原则，不偏袒不公，对所有老年人提供公正的服务，不受其社会地位、经济水平等因素的影响。

（六）关注老年人个体差异

1. 差异化服务认知

老年社会工作人员需要充分认识到老年人群体的多样性，包括年龄、性别、文化背景等方面的差异。对于不同群体的老年人，提供差异化的服务，考虑其个体差异。

2. 个案管理技能

通过个案管理技能，老年社会工作人员能够更全面地了解每个老年人的具体情况，制定个性化的服务计划，更好地满足其个体差异化的需求。

（七）促进老年人自主性

1. 尊重老年人选择

老年社会工作人员需要尊重老年人的个体选择权，鼓励他们在自己的生活中保持自主性，尽可能地做到自主决策，包括医疗选择、居住选择等。

2. 培养老年人参与意识

通过积极培养老年人的参与意识，老年社会工作人员可以帮助他们更好地参与社区活动、社会交往，提高他们的社会参与感，促进身心健康。

（八）持续自我反思与学习

1. 自我反思

老年社会工作人员需要具备持续自我反思的意识，及时总结和反思自己的工作，发现问题并及时调整，不断提高自身的专业水平。

2. 持续学习

老年社会工作领域的知识不断更新，因此，老年社会工作人员需要保持持续学习的状态。通过参与培训、阅读最新研究成果等方式，不断提升自己的专业素养。

老年社会工作是一项充满挑战且非常有意义的工作。为了更好地履行自己的职责，老年社会工作人员需要具备多方面的基本素养，包括专业技能、人文关怀、创新意识、灵活适应、责任心、道德操守、关注个体差异、促进自主性、持续学习等。这些素养的综合应用能确保老年社会工作人员在服务老年人的过程中做到专业、敬业、有温度，为老年人的幸福生活提供有力支持。在今后的发展中，老年社会工作人员应不断完善自身素养，适应社会变革和老年服务需求的发展，为老年人的幸福晚年贡献更多的力量。

二、进阶培训与老年社会工作人员的专业技能提升

随着社会老龄化的不断加剧，老年社会工作人员的专业技能水平对于提供更全面、高效、贴心的服务显得尤为关键。为应对老年人多样化的需求，老年社会工作人员需要不断提升自己的专业技能。进阶培训作为一种持续学习和发展的途径，对提高老年社会工作人员的专业素养具有重要意义。本部分将深入探讨进阶培训对老年社会工作人员专业技能提升的重要性，以及如何有效进行进阶培训，以更好地适应老年社会工作的发展需求。

（一）进阶培训的重要性

1. 适应老年服务多元需求

老年人群体的需求日益多元化，涉及健康护理、心理辅导、社会融入等多个方面。通过进阶培训，老年社会工作人员能够获取更广泛、深入的专业知识，更好地适应老年服务的多元需求。

2. 提升服务水平与质量

进阶培训有助于老年社会工作人员提升自身的专业水平，掌握最新的服务理念和方法，提高服务的水平与质量。这对提升老年人的生活质量、满足其需求具有直接而积极的影响。

3. 掌握新技术与工具

随着科技的发展，老年社会工作领域也涌现出许多新的工具和技术，如智能健康监测、远程医疗等。通过进阶培训，老年社会工作人员能够学习并掌握这些新技术，更好地为老年人提供服务。

4. 适应政策法规的变化

老年服务领域的政策法规也在不断调整与更新，老年社会工作人员需要及时了解这些变化，以确保他们的服务符合最新的法规要求。进阶培训可以帮助老年社会工作人员更好地理解并适应政策法规的变化。

（二）进阶培训的内容

1. 专业知识的深化

进阶培训的一个关键内容是深化专业知识。老年社会工作人员可以通过进修相关课程、参加研讨会、阅读专业文献等方式，深入了解老年心理学、老年疾病护理、老年社会政策等方面的知识，提高自己在专业领域的造诣。

2. 跨学科融合的培训

老年社会工作往往需要与医疗、心理、法律等多个领域协同合作。因此，跨学科融合的培训成为进阶培训中的重要内容。通过与其他专业人员的交流学习，老年社会工作人员可以更好地理解并参与不同领域的工作，提高服务的综合性。

3. 沟通与人际关系技能

由于老年社会工作涉及到与老年人、家庭成员、医护人员等多方面的沟通，因此沟通与人际关系技能是其工作中至关重要的一部分。进阶培训可以帮助老年社会工作人员提升自己的沟通技能，包括倾听技巧、表达能力、解决冲突的能力等方面的技能。

4. 创新技术应用培训

随着信息技术的迅速发展，老年社会工作人员可以通过进阶培训学习创新技术的应用，包括远程医疗、智能健康监测、虚拟社交等。这有助于提高服务的效率，满足老年人的需求。

5. 法律与伦理培训

老年社会工作人员需要了解相关法律法规，确保服务的合法性和合规性。同时，伦理问题在老年服务中也常常涉及，因此伦理培训同样是进阶培训中必不可少的一环。

（三）进阶培训的方法

1. 在职培训

在职培训是老年社会工作人员进行进阶培训的主要方式之一。通过单位组织的内部培训、专业机构的在线课程等，在职培训能有效将学习与实践结合，提高工作人员的专业水平。

2. 外部培训课程

老年社会工作人员可以通过参加由专业机构或大学提供的外部培训课程，获取更广泛、深入的专业知识。这些培训课程涵盖老年心理学、护理技能、社会政策、创新科技应用等多个方面，有助于老年社会工作人员全面提升自己的专业素养。

3. 学术研讨会与研修班

参与学术研讨会和研修班是另一种有效的进阶培训方式。这些活动通常由专业机构、大学或行业协会组织，提供与老年社会工作相关的前沿知识和研究成果。通过参与讨论和交流，老年社会工作人员可以深入了解最新的专业发展动向。

4. 导师制度

建立导师制度是一种有针对性的培训方式。通过与经验丰富的导师合作，老年社会工作人员可以在实际工作中获得指导和反馈，快速提升自己的专业水平。导师制度有助于知识的传承和实践技能的提高。

5. 在线学习平台

随着互联网技术的普及，老年社会工作人员可以通过在线学习平台获取进阶培训。这些平台提供各种课程，包括视频教学、在线讨论、实践案例等，灵活性强，能满足工作人员的个体学习需求。

（四）提升老年社会工作人员专业技能的策略

1. 制订个性化培训计划

为了更好地满足老年社会工作人员的学习需求，机构可以制订个性化培训计划。通过了解工作人员的岗位需求、兴趣方向和现有技能水平，为其量身定制培训方案，使培训更加有针对性和实效性。

2. 强化实践与案例分析

在培训中加强实践环节和案例分析，有助于老年社会工作人员将理论知识更好地转化为实际工作能力。通过参与真实案例的讨论和解决，工作人员能够更深刻地理解专业技能的应用。

3. 鼓励跨领域学习

老年社会工作通常需要与医疗、心理、法律等多个领域合作。因此，鼓励老年社会工作人员参与跨领域学习，深化与其他领域专业人员的沟通与协作，提升工作协同效率。

4. 建立专业社群

建立老年社会工作的专业社群，促进同行之间的经验分享与交流。通过定期的交流会议、线上社交平台等方式，搭建专业交流平台，推动工作人员在专业领域内的共同成长。

5. 持续评估与反馈

建立持续的评估机制，通过定期的绩效评估和培训反馈，及时发现老年社会工作人员在专业技能上的不足。同时，为工作人员提供有效的反馈和改进建议，推动其不断提升专业水平。

（五）面对未来的挑战

在老年社会工作领域，面临着服务需求的不断增长、服务内容的日益复杂以及科技发展带来的新挑战。因此，提升老年社会工作人员的专业技能成为迫切的任务。在未来的发展中，需要继续加强培训体系的建设，更加注重实际操作技能的培养，使老年社会工作人员能够在日益复杂的工作环境中胜任各项任务。

同时，随着老年社会工作领域的不断发展，专业技能的提升也需要与伦理、法规等方面的知识相结合。培训内容应该更加全面，覆盖专业知识、沟通技巧、创新科技应用、法律法规等多个方面，以应对老年服务的多元需求。

另外,老年社会工作人员还需要不断更新自己的职业观念,转变服务模式,注重老年人的自主权利,促使其参与决策、维护个体权益,实现真正意义上的"以人为本"服务。

三、跨专业合作与老年社会工作团队建设

随着社会老龄化的深入发展,老年社会工作逐渐发展成一个复杂而多元的领域,需要跨足医疗、心理、法律、社会服务等多个专业领域,形成协同合作的跨专业团队。在这个过程中,跨专业合作的重要性愈发凸显。本部分将探讨跨专业合作在老年社会工作中的意义,以及如何通过团队建设促进不同专业人员之间的有效协同合作。

(一)跨专业合作的意义

1. 综合服务老年人需求

老年人的需求涉及生理、心理、社会等多个方面,不同专业领域的知识和技能相辅相成。通过跨专业合作,可以综合运用医疗、心理、社会服务等多个专业领域的资源,为老年人提供更全面、个性化的服务。

2. 解决老年服务复杂问题

老年人在生活中可能面临多重问题,如健康问题、心理问题、法律问题等。单一专业的服务难以覆盖这些复杂的问题,而跨专业合作可以汇聚不同专业人员的智慧,共同制定更全面、有效的解决方案。

3. 促进信息共享与资源整合

不同专业的人员在工作中积累了丰富的经验和资源,通过跨专业合作,可以促进信息的共享和资源的整合。这有助于提高工作效率,减少冗余,更好地满足老年人的需求。

4. 提高服务的质量与效果

跨专业合作可以在服务中引入更多的专业技能和创新理念,提高服务的质量。通过不同专业人员的协同努力,更有效地达到服务预期效果,提高老年人的生活质量。

(二)团队建设的重要性

1. 打破职业壁垒与增进理解

在跨专业合作中,不同专业人员可能来自不同的职业背景,有不同的专业术语和工作方式。通过团队建设,可以打破职业壁垒,增进各专业人员之间的理解与信任,形成更加协同的工作氛围。

2. 强化团队协同效应

一个高效的跨专业团队需要成员之间具备良好的协同效应。团队建设可以帮助成员更快速地理解彼此的角色与职责,形成高效的工作流程,提高团队的整体协同效应。

3. 培养共同目标与价值观

通过团队建设，可以形成共同的目标与价值观。这有助于各专业人员增强团队使命感，共同努力为老年人提供更好的服务，形成团队的凝聚力。

4. 提升问题解决与决策能力

在跨专业合作中，面对复杂的问题和重要的决策，团队建设可以帮助成员培养更好的问题解决和决策能力。通过集思广益，团队可以更全面、深入地思考问题，做出更明智的决策。

（三）团队建设的策略与措施

1. 团队培训与技能提升

为了提高跨专业团队的整体水平，可以通过团队培训，提升团队成员的专业技能和团队协作技巧。培训可以包括专业知识的分享、沟通技能的提升、团队合作的模拟训练等。

2. 确立明确的角色与责任

在跨专业团队中，每个成员的角色和责任都应该明确。团队建设的一项重要措施是确立明确的工作分工和责任分配，确保每个成员在团队中都有明确的任务和职责。

3. 促进团队成员间的沟通

良好的沟通是跨专业团队合作的基础。可以通过定期的团队会议、在线平台的建设等方式促进团队成员间的沟通。鼓励创造开放、坦诚的沟通氛围，推动成员更好地交流和合作。

4. 建立协同工作机制

为了实现协同效应，需要建立一套协同工作机制。这包括明确的工作流程、信息共享的平台、协同决策的机制等。建立高效的协同工作机制可以确保团队在服务老年人时更加协调一致，提高工作效率。

5. 促进专业共享与学习

跨专业团队建设应该鼓励专业共享与学习。团队成员可以定期举办专业分享会，分享各自领域的最新知识和技术。这有助于团队成员更好及时地了解其他专业领域的发展动态，提高整体专业水平。

6. 建立团队文化

良好的团队文化对于团队的凝聚力和协同效应至关重要。团队文化应该强调共同的价值观、团队的使命以及成员之间的信任和尊重。通过共同的文化认同，可以更好地促进团队的团结和协作。

（四）面对挑战的团队建设策略

1. 处理专业角色冲突

在跨专业团队中，不同专业背景的人员可能对问题有不同的看法和解决方法，容易引发专业角色冲突。团队建设中需要培养团队成员的包容心态，鼓励多元观点，通过有效的沟通解决专业角色冲突。

2. 克服信息不对称问题

不同专业领域的人员拥有不同的信息和知识，可能导致信息不对称的问题。建设团队时，可以采用信息共享平台、定期团队会议等方式，促进信息流通，降低信息不对称带来的团队合作障碍。

3. 处理跨领域沟通困难

跨专业团队中，来自不同领域的人员可能会使用不同的专业术语，可造成沟通困难。在团队建设中，通过设置专门的沟通培训，提高团队成员的跨领域沟通能力，促进更有效的交流。

4. 确保协同决策的效率

协同决策需要团队成员充分参与，但可能会带来决策效率的问题。在团队建设中，通过制定明确的决策程序，明确决策的流程和责任人，保障协同决策的同时确保效率。

跨专业合作与团队建设在老年社会工作中扮演着至关重要的角色。通过整合不同专业领域的知识与技能，形成协同合作的团队，可以更好地满足老年人的复杂需求，提高服务的水平和效果。在建设跨专业团队时，重视团队建设的策略与措施，打破职业壁垒、促进信息共享、强化团队协同效应等都是关键的步骤。

面对未来老年社会工作领域的发展，跨专业合作与团队建设将继续发挥着重要作用。通过不断优化团队建设策略，推动不同专业人员之间的有效协同合作，老年社会工作团队将能够更好地应对老年服务领域的挑战，为老年人提供更全面、优质的服务。

第三节 老年社会工作的培训模式

一、学术培训与老年社会工作的知识体系建设

随着社会老龄化的不断加深，老年社会工作作为一门专业领域逐渐受到重视。为提高老年社会工作人员的专业水平，学术培训成为一种关键手段。本部分将探讨学术培训对于老年社会工作知识体系的建设的意义，以及如何通过学术培训推动老年社会工作的发展。

（一）学术培训的意义

1. 引入前沿知识与理论

学术培训有助于引入老年社会工作领域的前沿知识与理论。随着学科的发展，不断涌现出新的研究成果和理论框架，通过学术培训，老年社会工作人员可以及时了解并吸收这些最新的研究成果，保持专业知识的更新。

2. 提升专业技能与实践能力

学术培训不包括理论知识的传授，还包括实践技能的提升。通过系统的培训，老年社会工作人员能够更精准地掌握专业技能，提高实践能力，更好地应对老年服务工作中的实际问题。

3. 促进跨学科综合素养

老年社会工作往往需要与医疗、心理、法律等多个学科进行协同合作。学术培训可以促进老年社会工作人员的跨学科综合素养，使其具备更全面的专业素养，更好地适应复杂多变的服务环境。

4. 增进研究与实践的结合

学术培训有助于促进老年社会工作领域研究与实践的结合。通过学术培训，老年社会工作人员能够学习到研究方法、数据分析技能等，从而更好地进行实证研究，推动老年社会工作的理论体系和实践水平的提升。

（二）知识体系建设的关键领域

1. 老年心理学与行为科学

老年社会工作人员需要了解老年人的心理健康状况和行为特点。学术培训应该加强老年心理学的教育，使老年社会工作人员能够更好地理解老年人的需求，提供更贴心的服务。

2. 社会政策与法律法规

了解社会政策和法律法规是老年社会工作的基本要求。学术培训应该涵盖社会政策和法律法规的最新动态，确保老年社会工作人员具备合规服务的知识和能力。

3. 健康护理与医学知识

老年人的健康问题是老年社会工作中的重要方面。学术培训应该包括健康护理和医学知识的培训，保证老年社会工作人员能够更好地协助老年人管理健康问题，提高他们的生活质量。

4. 社会工作伦理与价值观

伦理和价值观在社会工作中具有重要地位，对老年社会工作尤为重要。学术培训应该强调社会工作的伦理标准和核心价值观，确保老年社会工作人员具备良好的职业道德和专业精神。

5.技术应用与创新

随着科技的发展,技术应用在老年社会工作中扮演着越来越重要的角色。学术培训应该关注技术的最新应用,培养老年社会工作人员运用科技手段解决问题的能力,提高服务的效率和质量。

(三)学术培训的策略与方法

1.专业课程与研讨会

开设老年社会工作相关的专业课程和研讨会是学术培训的一种有效手段。这些课程可以覆盖老年心理学、社会政策、健康护理、伦理与价值观等多个方面,帮助老年社会工作人员建立系统的专业知识体系。

2.实践导向的培训项目

学术培训应该注重实践导向,结合实际工作场景进行培训。通过实际案例分析、模拟操作等方式,使老年社会工作人员能将学到的理论知识灵活地运用到实际服务中,提升实践能力。

3.跨学科交流与合作

为促进跨学科的综合素养,学术培训可以组织跨学科的交流与合作活动。例如,邀请专业领域的专家进行跨学科讲座,组织跨领域的团队项目,帮助老年社会工作人员更好地理解其他学科的知识,拓宽专业视野。

4.导师制度与实习经验

建立导师制度是一种有针对性的学术培训方法。通过与有经验的导师合作,老年社会工作人员可以在实际工作中获得指导和反馈。实习经验也是一种重要的培训方式,使学员能够将理论知识应用到实际工作中,锻炼实际操作能力。

5.在线学习资源

利用在线学习平台提供学术培训资源,可以实现灵活学习,适应工作人员的个体学习需求。在线学习资源包括视频教学、在线课程、网络讨论等形式,方便学员随时随地获取知识。

6.继续教育和证书培训

为了持续提升老年社会工作人员的知识水平,学术培训可以结合继续教育和证书培训。这种培训方式通常有明确的学分和培训目标,有助于帮助学员形成系统、完整的知识结构,并得到相关领域的认证。

(四)学术培训的评估与改进

1.培训效果评估

为了确保学术培训的有效性,需要建立培训效果评估机制。通过学员的学术成绩、实际工作表现、参与项目的能力等多个方面进行评估，及时发现培训中存在的问题，并采取具有针对性的改进措施。

2. 持续调查反馈

定期开展学员满意度调查和培训反馈，了解学员对培训内容、教学方式的评价和建议。通过持续的调查反馈，可以及时调整培训方案，更好地满足学员的需求，提高培训的质量。

3. 不断更新培训内容

老年社会工作领域的知识在不断更新，培训内容也需要保持与时俱进。定期审查培训内容，结合领域的最新研究成果和实践经验，不断更新培训内容，确保学员获得的知识是最新、最全面的。

4. 提供个性化培训计划

考虑到学员的背景和需求差异，可以提供个性化的培训计划。通过充分了解学员的学科背景、专业需求和学习兴趣，制定个性化的培训计划，使学员更有目标地获取知识和技能。

学术培训是推动老年社会工作知识体系建设的有效途径。通过引入前沿知识、提升专业技能、促进跨学科交流等手段，可以使老年社会工作人员更好地适应老年服务领域的复杂需求，提高服务的水平和效果。

在学术培训的过程中，需要注重培训策略的科学设计，结合实际工作需求，不断优化培训内容和方式。通过评估和反馈机制，及时发现并解决培训中存在的问题，确保学术培训的质量和效果。

随着老年社会工作领域的不断发展，学术培训将继续发挥重要作用。通过持续努力，不断提升老年社会工作人员的综合素养和专业水平，为更好地满足老年人的需求和促进老年社会工作的可持续发展做出贡献。

二、实践培训与老年社会工作实际操作技能培养

随着社会老龄化的不断深化，老年社会工作的需求日益增加，而实际操作技能的提升成为老年社会工作人员必不可少的一部分。实践培训作为一种重要的培训手段，对于老年社会工作人员实际操作技能的培养起着关键作用。本部分将探讨实践培训在老年社会工作中的意义、实际操作技能的关键领域、实践培训的策略与方法以及实践培训的评估与改进。

（一）实践培训的意义

1. 转化理论知识为实际技能

老年社会工作涉及众多的理论知识，但这些知识只有在实际操作中得到运用才能

发挥最大的作用。通过实践培训，老年社会工作人员可以将理论知识转化为实际操作技能，提高在实际工作中的应对能力。

2. 提升解决问题的能力

实际操作技能的培养强调解决问题的能力。在实际工作中，老年社会工作人员面对的问题复杂多样，需要具备分析问题、制定解决方案的能力。实践培训通过模拟实际工作场景，帮助培训者更好地锻炼解决问题的能力。

3. 促进团队协作与沟通

老年社会工作通常需要多个专业领域的人员协同合作，而这涉及到团队协作和沟通的实际操作技能。通过实践培训，老年社会工作人员在模拟场景中学习如何与团队成员协同工作，提高团队协作的效率。

4. 塑造实际操作中的专业素养

实际操作技能培训有助于塑造老年社会工作人员实际操作中的专业素养。包括但不限于职业道德、服务意识、沟通技巧等。通过实践培训，可以在真实场景中培养培训者在工作中所需的专业素养。

（二）实际操作技能的关键领域

1. 个案管理与计划制定

个案管理是老年社会工作中的重要工作之一。实际操作技能培养应该注重培训个案管理与计划制定的能力，包括个案评估、制定服务计划、执行和跟进等方面。

2. 情感支持与心理援助

老年人常常面临情感问题和心理压力，情感支持和心理援助是老年社会工作人员不可或缺的技能。实际操作技能的培养应重点关注沟通技巧、情感陪伴等方面。

3. 社区资源整合与网络建设

老年社会工作通常需要整合社区资源，建立健康的社区网络，以更好地为老年人提供服务。实际操作技能培养应强调社区资源的整合和网络建设的实际操作能力。

4. 危机干预与风险评估

老年人可能面临危机和风险，老年社会工作人员需要具备危机干预和风险评估的实际操作技能。培训应注重培养应对紧急情况、评估风险的实际能力。

（三）实践培训的策略与方法

1. 实际工作模拟

通过模拟真实的工作场景，将培训者置于实际操作中，让他们亲身经历和应对各种问题。这种方法有助于培训者更好地理解实际工作的复杂性和多变性，提高应对问题的能力。

2. 基于案例的学习

利用真实案例进行培训，让培训者通过案例学习，分析案例中的问题并提出解决方案。通过基于案例的学习，培训者可以更深入地理解实际操作中可能遇到的情况，提升问题解决的能力。

3. 角色扮演与模拟

通过角色扮演和模拟实践情景，培训者可以在相对安全的环境中练习实际操作技能。这种方法有助于培训者更好地应对真实工作中的挑战，提高实际操作技能的熟练度。

4. 实际实习经验

安排实际实习经验是实践培训的一种重要方式。通过与实际工作场景结合，培训者能够在真实环境中应用所学知识，锻炼实际操作技能，加深对老年社会工作的理解。实际实习经验可以使培训者更快速地适应工作环境，掌握实际操作技能，同时也为其提供了与老年人直接互动的机会，促进情感支持和人际交往技能的培养。

5. 导师指导

建立导师制度，由有经验的老年社会工作专业人员担任导师，对新进人员进行实际操作技能的指导。导师可以分享实际工作中的经验和技巧，提供实际操作中的建议，促进新进人员的快速成长。

6. 团队协作项目

设计团队协作项目，让培训者在团队中扮演不同角色，模拟协同工作的场景。通过实际团队协作项目，培训者可以锻炼与他人合作的技能，学会有效沟通、协商和解决团队内部问题的能力。

（四）实践培训的评估与改进

1. 综合考核体系

建立综合考核体系，包括实际操作技能的模拟考核、案例分析、团队协作项目等多个方面。通过定期考核，对培训者在实际操作技能方面的表现进行全面评估，发现存在的问题并敦促其及时改正

2. 反馈机制

设立有效的反馈机制，包括培训者、导师以及实际工作场景的反馈。培训者可以通过反馈了解自己在实际操作中存在的不足，导师和实际工作场景的反馈也有助于培训方针的调整和改进。

3. 问题解决与经验分享会

定期组织问题解决与经验分享会，让培训者分享在实际操作中遇到的问题和解决方案，以及获得的经验。这种形式有助于培训者之间的互动与交流，促进实际操作技能的共同进步。

4. 培训计划调整

根据培训效果和反馈情况，及时调整培训计划。如果发现培训内容与实际工作存在脱节，或者培训方法不够有效，应及时调整培训计划，确保培训的实用性和有效性。

实践培训是老年社会工作实际操作技能培养的关键环节。通过实际操作场景的模拟、角色扮演、实际实习经验等方式，帮助培训者更好地适应老年社会工作的实际需求，提高解决问题、团队协作和情感支持等方面的技能。

在实践培训中，建议采取多样化的培训策略和方法，结合模拟、案例、实习等多个环节，以提供全面的培训体验。同时，建立有效的评估和反馈机制，及时了解培训效果，发现问题并进行改进，以保障培训的质量和效果。

通过不断的实践培训，老年社会工作人员可以更灵活地应对老年人的实际需求，提供更专业、贴心的服务。实际操作技能的不断提升不仅有助于老年社会工作人员个体的职业发展，也对整个老年社会工作领域的提升和发展具有积极的推动作用。

三、在职培训与老年社会工作专业人员的终身学习

随着社会老龄化的不断加深，老年社会工作的专业需求逐渐增加，而在职培训成为老年社会工作专业人员实现终身学习的重要途径。本书将探讨在职培训对老年社会工作专业人员的意义，终身学习在老年社会工作中的重要性，以及在职培训的策略与方法。

（一）在职培训的意义

1. 满足老年社会工作专业人员不断学习的需求

老年社会工作是一个不断发展变化的领域，社会、法规、服务模式等方面的变化都要求从业者具备更新的知识和技能。在职培训为老年社会工作专业人员提供了不间断学习的机会，满足其不断提升的专业需求。

2. 促进专业素养的全面提升

在职培训有助于老年社会工作专业人员全面提升专业素养。除了知识更新外，还包括实际操作技能、沟通能力、领导力等方面的提升。通过在职培训，专业人员可以更好地适应工作中的各种挑战，提升综合素养。

3. 适应老年社会工作领域的快速变化

老年社会工作领域面临着快速变化的挑战，如法规政策的更新、服务模式的创新等。在职培训可以帮助专业人员更好地适应这些变化，及时获取新知识，灵活调整工作策略。

4. 提高职业竞争力和职业发展机会

不断学习和提升自己的专业水平是提高职业竞争力的关键。通过在职培训，老年

社会工作专业人员可以积累更丰富的经验和知识，增加职业发展的机会，更容易在职场中脱颖而出。

（二）终身学习在老年社会工作中的重要性

1. 适应老年人需求的多样化

老年人的需求千差万别，终身学习使老年社会工作专业人员能够及时了解和理解不同群体老年人的需求，为老年人提供更专业的个性化服务。

2. 更新法规政策和服务模式

老年社会工作领域的法规政策和服务模式不断发展变化，终身学习使专业人员能够保持对最新法规和服务模式的了解，确保工作的合规性和高效性。

3. 应对社会挑战和变革

社会挑战和变革对老年社会工作产生深远影响，如疫情应对、技术发展等。通过终身学习，专业人员能够更好地应对这些挑战，保持对社会变革的适应能力。

4. 培养创新精神

老年社会工作需要创新思维和实践，以更好地满足老年人的需求。终身学习培养专业人员的创新精神，使他们能够在工作中提供更具创造性的解决方案。

（三）在职培训的策略与方法

1. 制订个性化学习计划

根据每位专业人员的实际情况，制订个性化的学习计划。考虑到工作时间、个人兴趣和职业发展方向，为每个人制定有针对性的培训方案，确保学习的针对性和实效性。

2. 利用在线学习资源

充分利用在线学习资源，包括网络课程、在线研讨会、专业社交平台等。这样的学习方式具有灵活性，专业人员可以根据自己的时间和地点灵活选择学习内容，方便高效。

3. 定期组织专业培训活动

定期组织专业培训活动，如专业讲座、研讨会、实践交流等。通过这些活动，专业人员可以获取最新的行业信息，与同行分享实践经验，拓展专业视野。

4. 实践导向的培训项目

重视实践导向的培训项目，包括模拟操作、案例分析、实际实习等。这种培训方式能够更准确地将理论知识转化为实际操作技能，提高专业人员在实际工作中的应对能力。

5. 建立导师制度

建立导师制度，由有经验的老年社会工作专业人员担任导师，为新进人员提供指导和支持。导师可以分享实际工作中的经验，提供专业建议，帮助新进人员更好地融入老年社会工作领域，并在工作中不断学习和成长。

6. 跨学科合作与交流

鼓励专业人员进行跨学科合作与交流，参与相关领域的研究项目、合作团队等。通过与其他领域专业人员的合作，可以拓宽专业视野，获取跨学科的知识，为老年社会工作带来创新和发展。

（四）在职培训的评估与改进

1. 制定明确的培训目标和评估标准

在职培训应该制定明确的培训目标和评估标准，以确保培训的有效性。目标和标准应该与老年社会工作的实际需求相匹配，包括知识水平、实际操作技能、职业素养等方面。

2. 定期进行培训效果评估

定期对在职培训的效果进行评估，可以通过学员的学术成绩、实际工作表现、参与项目的能力等多方面进行全面评估，及时发现培训中存在的问题，并提供有针对性的改进措施。

3. 收集学员反馈

建立有效的反馈机制，收集学员对培训内容、方式和效果的反馈意见。通过学员的反馈，了解培训的优点和不足，为培训的优化改进提供有力支持。

4. 持续更新培训内容

老年社会工作领域的知识在不断更新，培训内容也需要保持与时俱进。定期审查培训内容，结合领域的最新研究成果和实践经验，不断更新培训内容，确保学员获得最新、最全面的知识。

在职培训作为老年社会工作专业人员终身学习的一种重要方式，对于他们不断提升自身素养、适应社会变革、提高职业竞争力具有重要意义。通过制定个性化学习计划、充分利用在线学习资源、定期组织专业培训活动等策略与方法，更好地满足专业人员的学习需求。

在职培训的评估与改进是保障培训质量和效果的关键环节，需要建立明确的培训目标和评估标准，定期进行培训效果评估，收集学员反馈，持续更新培训内容，以确保培训的实用性和有效性。

通过在职培训，老年社会工作专业人员可以不断提升自身素养，更好地应对老年社会工作领域的挑战，为提供更优质的服务、促进老年人幸福安康生活做出更大的贡献。

第四节　继续教育与老年社会工作的专业化

一、继续教育的重要性与老年社会工作的专业发展

随着社会老龄化的加深，老年社会工作成为一个愈发重要的领域。在这一领域，继续教育对于专业人员的重要性不可忽视。本部分将探讨继续教育的重要性，以及继续教育对老年社会工作专业人员的专业发展所起到的关键作用。

（一）继续教育的重要性

1. 适应知识更新的需求

老年社会工作领域的法规政策、服务模式、研究成果等都在不断发展变化，需要专业人员具备更新的知识。继续教育为他们提供了获取最新信息和知识的途径，有助于适应领域内的快速变化。

2. 提升专业水平与实际操作技能

继续教育有助于老年社会工作专业人员提升自己的专业水平，包括但不限于个案管理、危机干预、社区服务等方面的技能。通过参与继续教育项目，他们能学到最新的理论知识，并将其转化为实际操作技能，能提高服务质量。

3. 拓展职业发展机会

不断学习和提升自身的专业水平有助于老年社会工作专业人员拓展职业发展机会。继续教育使他们在职场上更具竞争力，更容易获得晋升机会，开辟更广阔的职业前景。

4. 增强职业满足度

通过继续教育不仅能够提升专业水平，还能够满足专业人员对于自我提升的追求。在不断学习中，他们能感受到自己在专业领域的成长，增强职业满足感，提高对工作的投入和热情。

（二）继续教育对老年社会工作专业发展的影响

1. 深化理论知识

继续教育有助于老年社会工作专业人员深化理论知识。通过参与研讨会、专业培训、学术交流等活动，他们能够了解到最新的研究成果、理论观点，在工作中更加成熟的运用理论。

2. 增强实际操作技能

继续教育提供了老年社会工作专业人员提升实际操作技能的机会。通过参与案例

研讨、实践培训等活动，他们能够在模拟场景中锻炼实际操作技能，更好地应对复杂的工作情境。

3. 拓展服务领域

老年社会工作专业人员通过继续教育可以了解到老年服务领域的最新发展。这包括老年健康、心理健康、社会参与等方面的知识，有助于他们拓展服务领域，提供更全面的服务。

4. 提高专业领导力

继续教育培养老年社会工作专业人员的专业领导力。通过参与管理培训、领导力发展项目等，他们能够更好地组织和管理团队，推动工作的顺利进行。

（三）继续教育的策略与方法

1. 参与专业研讨和学术会议

参与专业研讨和学术会议是一种重要的继续教育方式。这样的活动不仅能够获取最新的理论知识，还能够与同行进行深入的交流，拓展专业视野。

2. 参加培训课程和工作坊

参加培训课程和工作坊是一种系统化的继续教育方式。这可以是线上或线下的培训，可涵盖不同主题，有针对性地提升专业人员的知识和技能。

3. 进行实际实习和案例分析

实际实习和案例分析是一种注重实践的继续教育方式。通过实际操作和案例分析，专业人员可以将理论知识转化为实际操作技能，更好地应对工作中的各种情境。

4. 制订个性化学习计划

每位老年社会工作专业人员的职业发展需求都有所不同，制订个性化学习计划能够更好地满足他们的学习需求。这包括选择适合自己的学习方式、时间安排等。

5. 利用在线学习资源

充分利用在线学习资源是一种便捷高效的继续教育方式。专业人员可以通过网络平台、在线课程等方式随时随地获取最新的知识和信息。这样的灵活性有助于他们在繁忙的工作生活中更合理地安排学习时间。

6. 建立导师制度

建立导师制度，由有经验的老年社会工作专业人员担任导师，为新进人员提供指导和支持。导师可以分享实际工作中的经验，提供专业建议，帮助专业人员更好地理解和应对老年社会工作领域的挑战。

（四）继续教育的评估与改进

1. 设立明确的学习目标和评估标准

在制定继续教育计划时，应设立明确的学习目标和评估标准。这有助于评估继续教育的效果，确保专业人员能够达到预期的学习成果。

2.定期组织评估和反馈

定期组织培训评估和反馈机制，收集专业人员对继续教育活动的意见和建议。通过学员的反馈，可以了解培训的优势和不足，为改进提供有益信息。

3.持续改进培训内容

老年社会工作领域的知识更新迅速，继续教育内容需要保持与时俱进。通过持续监测领域内的新发展，及时更新继续教育内容，确保专业人员获的最新的、最实用的知识。

4.鼓励参与继续教育的积极性

为鼓励专业人员参与继续教育，可设置奖励机制，如荣誉证书、学分积累、职业发展机会等。通过激励机制，提高专业人员参与继续教育的积极性，推动他们更深入地学习和应用所获知识。

继续教育对于老年社会工作专业人员的专业发展具有深远影响。通过适应知识更新、提升专业水平、拓展服务领域、增强领导力等方面的作用，继续教育不仅使他们能够更好地应对老年社会工作领域的挑战，还有助于提高职业满足度，拓展职业前景。

在制定继续教育策略时，应根据专业人员的实际需求制定个性化的学习计划，充分利用在线学习资源，建立导师制度，以及持续改进培训内容等措施都有助于提高继续教育的效果。

通过继续教育，老年社会工作专业人员将能够在服务老年人群体时更加游刃有余，提供更专业、更全面的服务，为老年人的福祉和社会的可持续发展做出更为重要的贡献。

二、制定老年社会工作继续教育体系与标准

随着社会老龄化的不断深入，老年社会工作的专业性和需求也在不断增加。为了满足老年社会工作专业人员不断提升自身素养、适应领域发展的需求，建立健全的继续教育体系和标准显得尤为重要。本部分将探讨制定老年社会工作继续教育体系与标准的必要性、目标、内容、评估方式等方面的内容。

（一）制定老年社会工作继续教育体系的必要性

1.适应领域的快速发展

老年社会工作领域的法规、政策、服务模式等不断发展和更新，需要专业人员具备更新的知识和技能。制定继续教育体系有助于使专业人员及时了解最新发展，提高工作水平。

2. 提升专业人员的实际操作能力

老年社会工作需要丰富的实际操作经验，继续教育体系可以通过实践培训、案例分析等方式，提升专业人员的实际操作能力，更周到地服务于老年人的实际需求。

3. 拓展服务领域

老年社会工作不仅要关注老年人的生活需求，还需要关注老年人的心理健康、社交参与等方面。通过制定继续教育体系，可以拓展专业人员的服务领域，提供更全面的社会工作服务。

4. 促进职业发展

制定老年社会工作继续教育体系有助于促进专业人员的职业发展。通过学习与实践相结合的课程，提升综合素养，增加职业竞争力，为专业人员提供更广阔的职业发展空间。

（二）老年社会工作继续教育体系的目标

1. 更新知识体系

确保继续教育体系能够及时更新老年社会工作领域的知识体系，包括法规政策、社会服务模式、老年心理学等方面的最新发展。

2. 提升实际操作技能

通过继续教育体系，目标在于提升专业人员的实际操作技能，使其能够更加熟练地应对各类老年社会工作实际问题。

3. 拓展服务领域

确保继续教育体系有助于专业人员拓展服务领域，包括但不限于老年心理健康服务、老年人社交参与等方面的服务。

4. 提高综合素养

通过继续教育体系，目标在于提高专业人员的综合素养，包括沟通能力、团队协作能力、领导力等方面的提升。

（三）老年社会工作继续教育体系的内容

1. 法规政策与伦理准则

继续教育体系应包含老年社会工作领域的法规政策与伦理准则的学习。通过学习相关法规政策，专业人员能更准确地了解工作的合规性，明确职业伦理准则。

2. 社会服务模式与创新

继续教育体系应关注社会服务模式的创新。通过了解最新的社会服务模式，专业人员能更灵活地运用创新方法，提高服务效率。

3. 老年心理学与社会工作技能

老年社会工作继续教育体系需要涵盖老年心理学的基础知识和社会工作技能的提

升。这有助于专业人员更好地理解老年人的心理需求，提高与老年人的沟通和支持能力。

4. 社交参与与社区建设

继续教育体系还应包括社交参与与社区建设方面的内容。专业人员要学习如何促进老年人的社交参与，以及参与社区建设的相关技能。

5. 实践技能培训

继续教育体系要包含实践技能培训，如个案管理、社会工作实践、危机干预等方面的实际操作技能培养。

（四）老年社会工作继续教育体系的评估方式

1. 学分制度

建立学分制度，对继续教育体系的学习内容进行量化评估。通过积累学分，专业人员清晰地了解自己的学习进度和水平，同时激励他们参与学习。

2. 考核与证书

制定考核标准，对参与继续教育的专业人员进行考核。合格后颁发相应的证书，作为证明其继续教育成果的有效方式。证书的获得不仅可以用于个人履历，还有助于提高专业人员的职业竞争力。

3. 实际操作评估

针对继续教育体系中强调的实际操作技能，可设立实际操作评估环节。通过案例分析、模拟操作等方式，评估专业人员将学到的知识和技能应用到实际工作中的能力。

4. 学员反馈与评估

建立学员反馈机制，定期收集专业人员对继续教育体系的反馈意见。通过问卷调查、小组讨论等方式，获取学员对培训内容、教学方法、实践效果等方面的评价，为继续教育的改进提供依据。

5. 职业发展轨迹

设立职业发展轨迹，跟踪专业人员在继续教育后的职业发展情况。通过追踪他们的职位晋升、服务领域拓展、参与项目的能力等方面的发展，来评估继续教育体系对职业发展的实际推动作用。

（五）老年社会工作继续教育标准的建立

1. 确定培训课程标准

制定老年社会工作继续教育标准的第一步是明确培训课程标准。包括确定培训内容、课程体系、学时要求等，确保培训的全面性和系统性。

2. 设立考核评价标准

建立考核评价标准，包括学分要求、考试合格标准、实际操作评估标准等。这些标准既要贴合老年社会工作领域的实际需求，也要有一定的挑战性，以保证培训的有效性和专业性。

3. 规范证书颁发流程

明确证书颁发的流程和标准，确保专业人员在完成继续教育后能及时获得相应的证书。证书的规范颁发有助于提高继续教育的可信度和学元的认可度。

4. 确立继续教育质量评估体系

建立继续教育质量评估体系，包括培训效果评估、学员满意度调查、课程质量评价等。通过不断优化质量评估体系，提高培训的实效性和适应性。

（六）老年社会工作继续教育体系的实施策略

1. 制定详细的实施计划

在制定老年社会工作继续教育体系时，需要制定详细的实施计划，明确培训内容、时间安排、培训方式等。计划要细致到每个学习阶段，确保培训的有序进行。

2. 制定多样化的培训方式

考虑到专业人员的工作和生活压力，继续教育体系应该采用多样化的培训方式，包括线上线下培训、工作坊、研讨会、实践培训等。这有助于更好地满足不同学员的学习需求。

3. 鼓励导师制度的建立

建立导师制度，由有经验的老年社会工作专业人员担任导师，为新普人员提供指导和支持。导师可以分享实际工作中的经验，提供专业建议，帮助专业人员准确理解和应对老年社会工作领域的挑战。

4. 建立社会工作专业组织合作

与相关的社会工作专业组织合作，利用其丰富的资源和经验，共同推动老年社会工作继续教育体系的建设。通过合作，可以更好地整合行业资源，提高培训的质量和影响力。

（七）老年社会工作继续教育体系的未来展望

建立老年社会工作继续教育体系是一个长期的过程，未来的发展应注重以下几个方向：

1. 整合国际先进经验

借鉴和整合国际上先进的老年社会工作继续教育经验，学习其他国家的成功做法和教训，以适应日益全球化的老龄化社会工作需求。

2. 关注技术创新应用

利用新科技手段，如虚拟现实（VR）、人工智能（AI）、在线学习平台等，提升继续教育的便捷性和灵活性。通过技术创新的应用，最大限度地满足专业人员的学习需求，提高继续教育的效果。

3. 强化跨学科融合

老年社会工作继续教育体系的发展应该强调跨学科融合，将老年学、社会工作学、心理学等多个学科的知识整合在一起，为专业人员提供更全面、多维度的培训。

4. 关注社会多样性与包容性

老年社会工作涉及多样的社会群体，包括不同年龄、性别、文化背景的老年人。继续教育体系需要关注社会的多样性，注重包容性，使培训内容能适应不同群体的需求。

5. 持续改进评估机制

建立健全的评估机制是保障继续教育体系质量的重要保障。在未来发展中，应持续改进评估机制，借助先进的评估方法和工具，及时发现问题，提高培训的有效性。

6. 加强国际交流与合作

通过加强国际交流与合作，老年社会工作继续教育体系可以更顺利地融入国际潮流，吸收其他国家的经验和资源，提高国际竞争力，为专业人员提供更广阔的发展空间。

7. 注重实践导向

继续教育体系应更加注重实践导向，注重培训内容的实用性和可操作性。通过实际案例分析、模拟操作等方式，使专业人员能够更好地将学到的知识和技能应用到实际工作中。

老年社会工作继续教育体系的制定与标准的建立是推动老年社会工作领域持续发展的重要一环。通过明确培训目标、内容、评估方式以及实施策略，有效促进专业人员的职业发展，提高服务水平，推动整个行业的健康发展。未来，随着社会老龄化问题的不断深化，老年社会工作继续教育体系的完善和创新将是必然趋势，为服务老年人群体和推动社会进步做出重要贡献。

三、利用新技术手段促进老年社会工作知识的更新与传播

随着科技的飞速发展，新技术手段在各行各业的应用日益普及。老年社会工作作为一个与人类生活密切相关的领域，也能够通过新技术手段实现知识的更新与传播，提高服务的效率和质量。本部分将深入探讨如何利用新技术手段促进老年社会工作知识的更新与传播，以满足老年人群体的需求，提升专业人员的服务水平。

（一）新技术手段在老年社会工作中的应用概况

1. 信息化管理系统

引入信息化管理系统，将老年人的个人信息、服务记录等进行数字化管理，实现

信息的集中存储和快速检索。这有助于提高老年社会工作的工作效率，确保服务的及时性和准确性。

2. 移动应用程序

开发老年社会工作专用的移动应用程序，使专业人员能够随时随地获取最新的老年社会工作知识、政策法规等信息。同时，老年人也可以通过应用程序便捷获得社会服务信息，提高服务的可及性。

3. 在线培训平台

建立在线培训平台，为老年社会工作专业人员提供灵活的学习机会。通过在线课程、网络研讨会等形式，确保专业人员在工作之余能够进行系统、全面的知识更新，提高服务水平。

4. 虚拟现实（VR）和增强现实（AR）

利用虚拟现实和增强现实技术，为老年社会工作提供更直观、实际的培训体验。通过模拟各种情境，培训专业人员在危机处理、心理支持等方面的能力，提高实践操作水平。

5. 人工智能（AI）

人工智能可以在老年社会工作中用于智能化辅助决策、个性化服务推荐等方面。通过分析大数据，提供更加精准、个性化的服务，满足老年人多样化的需求。

（二）新技术手段对老年社会工作知识更新的促进作用

1. 及时获取最新政策信息

新技术手段可以通过建立信息平台，及时传递政府发布的相关政策信息。专业人员可以通过在线平台实时获取政策变化，做出相应的服务调整，确保服务的合规性。

2. 提供实时的专业知识

通过移动应用程序、在线培训平台等，老年社会工作专业人员可以随时随地获取最新的专业知识。这种及时性的知识获取方式有助于专业人员保持对领域内最新动态的敏感性。

3. 拓展跨学科知识

利用新技术手段，可以更方便地获取跨学科领域的知识。老年社会工作不仅涉及社会工作本身，还涉及心理学、医学、社会学等多个学科。新技术手段有助于整合这些跨学科的知识，提升专业人员的综合素养。

4. 促进实践技能培训

虚拟现实和增强现实技术可以提供更真实的实践场景，帮助专业人员在虚拟环境中进行危机干预、个案管理等实践技能培训。这有助于将理论知识更好地转化为实际操作能力。

（三）新技术手段在老年社会工作知识传播中的作用

1. 提高信息传播效率

新技术手段可以加速信息的传播速度。通过社交媒体、在线平台等渠道，可以迅速传递老年社会工作的相关信息，使更多的人能够及时获取。

2. 促进知识互动与分享

在线平台、社交媒体等工具为专业人员提供了互动与分享的机会。他们可以通过在线讨论、知识分享平台，交流实践经验、解决问题，形成专业共识，推动知识的共建和传播。

3. 拓展受众群体

新技术手段能够突破时间和空间的限制，将老年社会工作知识传播到更广泛的受众群体。不仅可以为专业人员提供服务，还可以为关注老年社会工作的志愿者、老年人及其家庭成员提供相关知识。

4. 制定个性化传播策略

通过人工智能技术，可以根据不同受众的需求和兴趣制定个性化的知识传播策略。这样可以提高受众的关注度和参与度，使知识传播更加精准和高效。

（四）新技术手段在老年社会工作知识更新与传播中的应用策略

1. 建立在线培训计划

建立在线培训计划，包括定期更新的在线课程、工作坊和研讨会。这些培训活动可以覆盖老年社会工作领域的最新知识和技能，并通过互动性的教学方式促进专业人员的学习。

2. 发展移动应用平台

开发老年社会工作专业的移动应用平台，提供实时信息、在线课程、专业资源等功能。这样的平台能让专业人员随时随地获取知识，同时也方便老年人和其他社区成员获取相关服务信息。

3. 创设虚拟社区

建立虚拟社区，通过在线论坛、社交媒体群组等方式，促进老年社会工作专业人员之间的交流与互动。这样的虚拟社区可以成为知识分享、经验交流的平台，推动知识的广泛传播。

4. 整合多媒体资源

利用多媒体资源，包括视频、音频、图像等，制作知识更新与传播的多样化内容。通过多媒体形式呈现的信息更容易引起关注，有助于提高知识的吸收效果。

5. 利用社交媒体平台

充分利用社交媒体平台，建立专业人员和机构的社交账号，分享行业动态、实践经验、最新研究成果等。社交媒体的互动性和分享性使得信息更容易传播，也能够吸引更多人参与讨论和学习。

6. 建立在线问答平台

创建在线问答平台，专业人员可以提出问题，获取其他专业人员和专家的解答。这样的平台有助于在专业人员间形成互助机制，提高问题解决的效率，促进知识的交流与分享。

7. 制定个性化推送服务

通过人工智能技术，制定个性化的推送服务，根据用户的兴趣和需求向其推送相关知识内容。这样能够更好地满足用户的个性化学习需求，提高知识的吸收和应用效果。

（五）挑战与应对策略

1. 技术普及不均

挑战：老年社会工作专业人员中，部分可能对新技术不太熟悉，技术普及不均。

应对策略：开展定期的技术培训，提高专业人员对新技术的认知和使用能力。同时，设计用户友好型的界面和操作方式，降低技术使用门槛。

2. 隐私和安全问题

挑战：在信息化管理系统和移动应用程序中，涉及到老年人个人信息，隐私和安全问题需引起关注。

应对策略：加强信息安全管理，采用加密技术、权限控制等手段保护用户隐私，建立健全隐私保护机制，确保老年人信息的安全性。

3. 老年人对新技术的接受度

挑战：一些老年人可能对新技术接受度较低，对他们而言使用新技术的难度较大。

应对策略：设计简单易用的界面，提供详尽的使用说明，开展老年人新技术培训，提高其对新技术的接受度和使用信心。

4. 资金和资源限制

挑战：一些机构可能由于资金和资源的限制，难以投入大量资源进行新技术的引入和应用。

应对策略：通过寻找政府支持、合作伙伴的共建共享、引入社会资本等方式，共同解决资金和资源的问题，推动新技术在老年社会工作中的应用。

（六）未来展望

随着科技的不断发展，新技术手段将在老年社会工作中发挥更加重要的作用。未来，我们可以期待：

1. 智能化个性化服务

借助人工智能技术，老年社会工作服务将更加智能化，能够提供个性化、定制化服务。通过分析老年人的需求、健康状况和生活习惯，智能系统可以为他们推荐更贴合个体需求的服务方案，提高服务的精准性和效果。

2. 虚拟现实技术的深入应用

虚拟现实技术有望在老年社会工作中得到更深入的应用，特别是在培训和实践操作方面。通过虚拟现实技术，专业人员可以进行更真实、更具挑战性的实践训练，提高应对各种情境的能力。

3. 区块链技术的保障信息安全

随着区块链技术的发展，其在保障信息安全方面的优势将更为凸显。老年社会工作中的信息管理系统可以利用区块链技术，确保老年人个人信息的安全性和可追溯性，提高系统的信任度。

4. 多模态互动的发展

未来，新技术手段有望推动多模态互动的发展，即结合语音、图像、手势等多种交互方式，使老年人能够更轻松地与智能系统进行沟通。这有助于降低使用门槛，提高老年人对新技术的接受度。

5. 跨领域合作的深化

新技术的应用需要跨学科的支持，未来可期待更多跨领域的合作。社会工作、医学、工程学等领域的专业人员将更紧密地合作，共同推动老年社会工作的科技创新。

新技术手段在老年社会工作中的应用为行业发展带来了新的机遇和挑战。通过信息化管理系统、移动应用程序、在线培训平台等工具，老年社会工作专业人员可以更及时地获取最新知识，提高服务水平。同时，新技术手段在知识传播方面的作用也不可忽视，它加速了知识的传播速度，促进了专业人员之间的互动与分享。

然而，应用新技术手段也面临一系列挑战，包括技术普及不均、隐私安全问题、老年人接受度等。为了更好地应对这些挑战，需要采取相应的策略，如开展定期的技术培训、强化信息安全管理、设计用户友好的界面等。

未来，随着科技的不断创新，新技术手段在老年社会工作中的应用将更加广泛和深入。通过不懈努力，我们有望建立更智能、高效、人性化的老年社会工作体系，为老年人提供更优质的服务，促进社会的健康发展。

第五节　老年社会工作的认证与职业标准

一、建立老年社会工作专业认证体系

（一）概述

随着社会老龄化的不断加剧，老年社会工作作为一门专业学科，其重要性愈发凸显。为了确保老年社会工作专业人员具备必要的专业知识、技能和道德素养，以提供更为优质的服务，建立老年社会工作专业认证体系是至关重要的。本将将探讨建立老年社会工作专业认证体系的背景、意义、构建原则以及实施策略。

（二）背景

老年社会工作是一门涉及人文关怀、社会政策和专业技能的复合性学科。随着老年人口的增多和老年问题的复杂性增加，需要具备专业知识和实践技能的专业人员来应对各种挑战。然而，目前尚未建立起统一的老年社会工作专业认证体系，导致从业者水平参差不齐，难以确保服务的质量和可持续发展。

（三）建立老年社会工作专业认证体系的意义

1. 保障服务质量

建立老年社会工作专业认证体系可以确保从业人员具备必要的专业知识和实践技能，有助于提高服务的质量。通过认证，能够筛选出真正具备能力的专业人员，为老年人提供更为专业和有针对性的服务。

2. 提高行业声誉

有了老年社会工作专业认证体系，行业内的专业人员将更受社会信任。认证是专业能力的象征，能够提升整个行业的声誉，使老年社会工作逐渐成为社会关注的焦点。

3. 促进行业规范化发展

认证体系有助于建立老年社会工作行业的规范和标准。明确的认证标准和评估体系可以引导从业者规范自己的行为，形成共识，促进整个行业的规范化发展。

4. 促进从业者的职业发展

认证体系为从业者提供了明确的职业发展路径。通过不断提升自己的专业水平，从业者可以获得更高级别的认证，实现职业晋升，调动从业者的积极性和进取心。

5. 推动专业知识的更新与创新

认证体系可以设立必修课程、继续教育要求等机制，推动从业者不断更新专业知识，紧跟行业发展的步伐。这有助于老年社会工作领域的知识更新和创新。

（四）构建老年社会工作专业认证体系的原则

1. 公正性原则

认证体系应该建立在公正的基础上，确保评估和认证的过程公平、透明、无歧视。评估标准应当客观、科学，并能公正地反映从业者的真实水平。

2. 可操作性原则

认证体系的标准和评估方法应当具有可操作性，能够实际指导从业者的实践。标准应与实际工作相结合，确保认证的真实性和实用性。

3. 综合性原则

认证体系应该综合考察从业者的多方面素质，包括但不限于专业知识、实践技能、沟通能力、道德素养等。这有助于全面评价从业者的能力，确保其具备全面的专业素养。

4. 动态性原则

认证体系应当具有一定的动态性，能随着老年社会工作领域的发展而不断更新。适时修订认证标准和培训内容，确保认证体系与行业的发展保持同步。

（五）老年社会工作专业认证体系的构建内容

1. 制定认证标准

制定老年社会工作专业认证的具体标准，明确不同层次的认证要求。包括但不限于专业知识、实践技能、沟通能力、道德素养等方面的评估标准。

2. 设立认证机构

建立独立的认证机构，负责具体的认证工作。认证机构应该具备一定的权威性和专业性，由行业协会、政府部门等共同支持和监督。

3. 制定认证程序

明确认证的具体程序和流程，包括报名、资格审核、考试、实践评估等环节。确保整个认证过程公平、透明、科学。

4. 设立认证周期和继续教育要求

规定认证的有效期限，制定相应的继续教育要求。这有助于促使从业者在认证有效期内不断更新自己的专业知识，适应老年社会工作领域的发展，并提高自身服务质量。

5. 设计不同层次的认证

为了适应不同从业者的水平和需求，可以设立不同层次的认证，如初级认证、中级认证、高级认证等。不同层次的认证可以对应不同的职业发展和晋升阶段。

6. 引入评估工具和方法

为了全面评估从业者的能力，可以引入多种评估工具和方法，如考试、实际案例分析、模拟操作等。这样能更全面地了解从业者的专业水平和实践能力。

7. 制定认证费用和奖励机制

明确认证的费用标准，并设立奖励机制。奖励机制包括优秀认证者的表彰、奖金等，以激励从业者积极参与认证，提升整体行业水平。

（六）实施老年社会工作专业认证体系的策略

1. 吸引多方参与

在建立认证体系的过程中，吸引多方参与，包括老年社会工作从业者、行业协会、相关政府部门、专业教育机构等。多方参与有助于形成共识，确保认证体系的权威性和广泛性。

2. 宣传推广

在认证体系建立之初，需要进行广泛的宣传推广，向从业者介绍认证的重要性和好处。通过专业会议、培训班、社交媒体等途径，提高从业者对认证体系的认知度和参与度。

3. 阶段性推行

可以采取阶段性推行的策略，先从重点城市或地区开始试行，逐步扩大范围。这有助于及时总结经验，修正不足，确保认证体系的有效性合和理性。

4. 配套政策支持

政府可以出台相关政策，支持老年社会工作专业认证体系的建设和实施。包括但不限于财政资金的投入、税收优惠政策、对认证人员的职业资格认可等方面的支持。

5. 定期评估与更新

认证体系建立后，需要定期进行评估与更新。评估包括认证标准的合理性、认证机构的运作状况、从业者的反馈等方面。及时更新认证体系，使其能够适应老年社会工作领域的发展。

（七）挑战与应对策略

1. 行业多样性带来的挑战

老年社会工作涉及众多领域，从医疗到心理健康，从法律到社会服务。认证体系需要考虑到这种多样性，制定灵活多样的认证标准和流程。

2. 从业者参与积极性不高

有可能存在一些从业者对认证体系的参与积极性不高的情况。通过设立奖励机制、提供专业发展机会等方式，激发从业者的积极性。

3. 技术更新与应用的挑战

认证体系需要不断更新，以适应老年社会工作领域的技术发展。但技术更新与应用可能会带来从业者的不适应。提供定期的培训和指导，帮助从业者适应新技术。

4. 法规政策的不确定性

由于老年社会工作领域的法规政策存在不确定性，这会对认证体系的实施带来一定的影响。与相关政府部门保持紧密合作，及时了解法规政策的变化，确保认证体系的合规性。

建立老年社会工作专业认证体系是确保服务质量、提升行业声誉、促进行业规范发展的必然选择。在构建认证体系时，应遵循公正性、可操作性、综合性、动态性的原则，明确认证标准、设立认证机构、设计认证程序，并注重各方参与、宣传推广、阶段性推行、配套政策支持等策略。同时，面对挑战，应积极寻求解决方案，确保老年社会工作专业认证体系的顺利实施和可持续发展。

二、制定老年社会工作人员的职业标准与道德规范

（一）概述

老年社会工作人员作为服务老年人群体的专业人士，在履行职责的过程中需要遵循一定的职业标准和道德规范，以确保其服务的专业性、可持续性以及对老年人权益的充分保障。本部分将探讨制定老年社会工作人员的职业标准与道德规范的背景、意义、构建原则以及实施策略。

（二）背景

老年人口的增加和老龄社会的到来使得老年社会工作成为社会工作领域中的一个重要分支。为了提高老年社会工作的服务质量、推动专业发展，有必要制定老年社会工作人员的职业标准与道德规范。这不仅有助于规范从业人员的行为，提高整个行业的整体水平，还有助于树立老年社会工作的良好形象。

（三）制定职业标准与道德规范的意义

1. 保障服务质量

制定职业标准可以明确老年社会工作人员在工作中应具备的基本素质、技能和知识。这有助于提高服务的专业性和质量，确保老年人获得有针对性、科学化的服务。

2. 规范从业行为

道德规范是社会工作领域的灵魂，对于老年社会工作尤为重要。通过制定道德规范，可以规范从业人员的行为，明确职业操守，防范潜在的职业道德风险，维护老年人的权益。

3. 促进职业发展

职业标准的制定有助于建立老年社会工作人员的职业发展路径。不同层次的标准可以指导从业人员进行专业发展，提升职业水平，为个体的职业生涯提供清晰的方向。

4. 塑造行业形象

职业标准与道德规范的制定有助于形成老年社会工作的良好形象。通过遵循一系列规范，在整个行业树立积极、负责、专业的形象，提升社会对老年社会工作的认可度。

（四）构建职业标准与道德规范的原则

1. 参与性原则

在制定职业标准与道德规范的过程中，应当充分考虑从业人员、老年人以及相关利益相关者的意见。确保标准与规范的制定具有广泛的参与性，能代表整个行业的意见。

2. 专业性原则

职业标准应当注重从业人员的专业性，明确工作所需的技能、知识和经验。道德规范应当体现社会工作专业的核心价值观，强调人本关怀、尊重和公正。

3. 可操作性原则

职业标准与道德规范应当具有可操作性，能够指导从业人员的实际行为。标准不应过于抽象，而要具体明确在实际工作的要求中，方便从业人员理解与遵循。

4. 可评估性原则

标准与规范的制定需要考虑可评估性，即是否能够通过一定的评估手段来检验从业人员的符合程度。这有助于形成一个可衡量、可管理的职业体系。

（五）职业标准的构建内容

1. 专业知识与技能

明确老年社会工作人员应当具备的专业知识，包括老年学、心理学、社会学等，以及实践操作的专业技能，如评估老年人需求、制定服务计划、开展社会支持等。

2. 沟通与协作能力

强调老年社会工作人员需要具备良好的沟通与协作能力。这包括与老年人、家庭成员、其他专业人员以及社区机构进行有效沟通和协作的能力。

3. 伦理与法律意识

强调老年社会工作人员需要具备高度的伦理与法律意识。涵盖了对老年人权益的尊重、保护和维护，以及在工作中遵循相关法律法规的责任。

4. 文化敏感性与多元化意识

考虑到老年人来自不同的文化背景和社会群体，职业标准应强调对文化敏感性和多元化意识的培养。老年社会工作人员需要能够适应和尊重不同文化的差异，提供更具包容性的服务。

5. 自我反思与专业发展

强调老年社会工作人员需要具备自我反思的能力，不断追求专业发展。包括对个体的工作进行评估和反思，同时寻求继续教育、培训的机会，不断提升自己的专业水平。

（六）道德规范的构建内容

1. 尊重与尊严

明确老年社会工作人员应当尊重老年人的尊严和权利。在服务中，强调要对老年人的隐私、个人空间和个人选择进行尊重，不侵犯其合法权益。

2. 诚实与透明

强调老年社会工作人员应当诚实和透明。在与老年人及其家庭成员沟通中，要提供真实、准确的信息，不准误导和隐瞒。

3. 公正与平等

明确老年社会工作人员应当秉持公正和平等的原则。在服务中不偏袒、不歧视，要确保服务资源的公平分配，促进老年人在社会中的平等参与。

4. 保密与隐私

强调老年社会工作人员应当妥善保护老年人的隐私信息。在服务中，要严格遵守相关法律法规，确保老年人的个人信息得到妥善保护，不泄露隐私。

5. 责任与专业精神

明确老年社会工作人员应当承担起对老年人的责任，并保持高度的专业精神。在服务中要坚持对老年人的责任心，勇于承担风险，确保服务的质量。

（七）实施策略

1. 制定与宣传

相关机构和行业协会应当牵头制定老年社会工作人员的职业标准与道德规范，并通过培训、会议、网络等渠道广泛宣传，确保从业人员充分了解并遵守标准与规范。

2. 教育培训

在相关专业课程和培训中，将老年社会工作人员的职业标准与道德规范作为重要内容纳入教学计划。通过案例分析、模拟操作等方式，加强学员对标准与规范的理解与应用。

3. 职业伦理监督机制

建立职业伦理监督机制，设立专门的监督机构或委员会，负责对老年社会工作人员的从业行为进行监督。同时，鼓励社会各界、老年人及其家庭成员积极参与监督。

4. 专业发展计划

鼓励老年社会工作人员制定个人的专业发展计划，明确职业发展目标，逐步提高自身专业水平。同时，提供相关培训和学术资源，支持从业人员的专业发展。

5. 风险防范与处理机制

建立老年社会工作人员的风险防范与处理机制，明确职业实践中可能存在的伦理风险，并提供相应的解决方案。加强老年社会工作人员的风险意识和处理能力。

（八）挑战与应对策略

1. 多样性挑战

老年人口涵盖了不同文化、背景、信仰的群体，老年社会工作人员在服务中可能面临多样性挑战。应通过多元化的培训和教育，增强老年社会工作人员的文化敏感性和跨文化沟通能力，以更好地适应和尊重不同群体的需求。

2. 职业伦理纠纷

在职业实践中，可能出现职业伦理纠纷，例如利益冲突、隐私保护等方面的问题。建立健全的伦理咨询机制，为老年社会工作人员提供专业的咨询服务，解决实践中遇到的伦理问题。

3. 法律法规不明晰

老年社会工作领域的法律法规可能相对较为模糊或缺乏明确性，这给从业人员带来一定的困扰。倡导与相关法律法规的制定机构合作，促使相关法规更加明晰，为老年社会工作人员的职业实践提供明确的法律依据。

4. 职业价值观的碰撞

老年社会工作人员服务的对象多涉及敏感的人生阶段和个人隐私，可能与个体或家庭价值观产生冲突。建立良好的沟通机制，促进从业人员与服务对象及其家庭成员之间的理解和共识。

5. 不断变化的服务需求

老年人的需求随着时代和社会的发展在不断变化，从业人员需要不断适应新的挑战。建立反馈机制，通过定期调研、案例分享等方式，及时了解老年人的实际需求，调整和优化服务模式。

制定老年社会工作人员的职业标准与道德规范是保障服务质量、规范从业行为、促进职业发展的关键步骤。在制定过程中，参与性、专业性、可操作性、可评估性等原则应当得到充分考虑。通过相关方的合作，建立全面的职业标准和道德规范体系，为老年社会工作人员提供明确的指导，确保其服务能够符合专业标准和道德伦理要求。

随着老龄社会的不断发展，老年社会工作人员将承担更多的责任和挑战。通过建立健全的制度体系，不断提升从业人员的专业水平，才能更好地满足老年人的多样化需求，推动老年社会工作行业的可持续发展。同时，要不断总结实践经验，适时修订和完善职业标准与道德规范，以适应不断变化的社会环境和老年人群体的需求。

三、认证制度对提升老年社会工作服务质量的作用及挑战

（一）概述

老年社会工作是随着人口老龄化趋势不断增长的一个重要领域，为老年人提供专业化、全面化的服务至关重要。在这个背景下，认证制度作为一种管理手段，不仅能规范从业人员的素质和行为，也有助于提升服务质量，确保老年人得到更贴心的关怀。本部分将探讨认证制度在提升老年社会工作服务质量方面的作用，同时分析可能面临的挑战。

（二）认证制度的作用

1. 规范从业人员素质

认证制度能够明确老年社会工作从业人员所需具备的专业知识、技能和道德标准。通过明确的认证标准，可以规范从业人员的素质，确保其具备应有的能力，为老年人提供更专业、更有针对性的服务。

2. 促进专业化发展

认证制度有助于推动老年社会工作领域的专业化发展。通过设定不同层次的认证标准，可以引导从业人员追求更高的专业水平，促进整个行业的提升。这有助于建立更为完善的服务体系，满足老年人多层次、多领域的需求。

3. 提升服务质量

认证制度的实施可以提升老年社会工作服务的质量。认证机构通过对从业人员的审核与评估，筛选出具备一定素质的专业人员。这有助于提高服务的标准化水平，确保老年人获得更为优质、安全的服务。

4. 增强行业声誉

认证制度有助于建立老年社会工作行业的良好声誉。认证机构对从业人员的审核不仅是对个体的认可，也是对整个行业的认可。通过建立行业的信誉，吸引更多有资质、有能力的从业人员加入，推动整个行业的良性发展。

（三）认证制度的挑战

1. 标准制定的难度

制定老年社会工作的认证标准相对复杂，需要考虑到不同服务领域、文化差异、老年人的个体差异等多方面因素。标准的设置需要经过深入研究和不断的修订，以确

保其科学、实用、适用。

2. 实施过程中的管理难题

认证制度的实施需要严密的管理机制，包括认证机构的建设、审核流程的规范、认证标准的更新等方面。在实际操作中，可能面临机构资源不足、审核流程不顺畅等管理难题，影响认证制度的有效性。

3. 成本与财政支持问题

认证制度的建设和实施需要相应的成本，包括机构建设、人员培训、审核流程的运转等。缺乏足够的财政支持可能会影响认证制度的稳定运行，限制其对服务质量提升的作用。

4. 服务领域多样性的挑战

老年社会工作涉及的服务领域非常广泛，包括医疗、心理健康、社区服务等多个方面。制定一套适用于所有服务领域的统一认证标准可能存在困难，因为不同领域的从业人员所需的技能和知识有很大的差异。

（四）应对挑战的策略

1. 多方合作，制定科学标准

在认证标准的制定过程中，应该通过多方合作，包括政府部门、行业协会、专业机构等，借助各方的智慧和资源，确保标准的科学性和实用性。同时，定期进行评估，及时修订标准，以适应老年社会工作领域的发展。

2. 完善管理机制，提高效率

在认证制度的实施过程中，建立健全的管理机制是至关重要的。要加强对认证机构的管理，确保其独立、公正、高效运作。合理规范审核流程，提高认证的效率，以确保从业人员能够及时获得认证。

3. 寻求多元化的财政支持

认证制度的建设和运行需要一定的财政支持，因此需要寻求多元化的资金来源。除了政府财政支持外，通过引入社会资本、开展相关培训项目等方式，拓宽资金渠道，提升制度的可持续发展能力。

4. 差异化认证标准，区分不同服务领域的特殊需求

考虑到老年社会工作服务领域的多样性，可以根据具体服务领域的特殊需求，制定差异化的认证标准。例如，医疗领域的老年社会工作者可能需要具备医学相关的知识和技能，而社区服务领域的从业人员可能更强调社工专业技能。通过差异化认证标准，更好地适应不同服务领域的需求，确保从业人员的素质能够贴合实际服务场景。

5. 强化培训与教育，提升从业人员素质

认证制度的有效性与从业人员的素质有着密切的关系。因此，应加强对老年社

工作从业人员的培训与教育，使其不仅能够达到认证标准所要求的最低水平，更能不断提升自身专业水平。建立完善的培训体系，包括课程、研讨会、实践指导等，帮助从业人员持续学习和成长。

6. 建立行业自律机制，加强自我监督

除政府设立的认证机构外，老年社会工作行业内部也可以建立自律机制，加强行业自我监督。通过建立行业协会、专业组织等，推动从业人员共同遵守行为规范，形成自律机制。这有助于进一步规范从业人员的行为，提高服务质量。

认证制度在提升老年社会工作服务质量方面发挥着重要作用，能够规范从业人员素质，促进专业化发展，提升服务质量，增强行业声誉。然而，面对标准制定的难度、实施过程中的管理难题、成本与财政支持问题以及服务领域多样性等挑战，需要制定科学标准、完善管理机制、寻求多元化的财政支持、差异化认证标准、强化培训与教育、建立行业自律机制等策略来加以应对。

通过不断努力，认证制度将更有效地发挥作用，使老年社会工作更加专业、规范，为老年人提供更全面、贴心的服务，促进老年社会工作领域的可持续发展。同时，政府、行业协会、从业人员等各方应共同努力，协同合作，共同推动认证制度的健康发展，为老年人的幸福晚年提供更有力的支持。

参考文献

[1] 徐琼，郁文欣. 老年社会工作理论与实践 [M]. 沈阳：东北大学出版社，2015.

[2] 赵怀娟. 老年反贫困社会工作 [M]. 上海：华东理工大学出版社，2022.

[3] 范明林，马丹丹. 老化与挑战：老年社会工作案例研究 [M]. 上海：华东理工大学出版社，2017.

[4] 赵芳. 社会工作案例教学 [M]. 上海：复旦大学出版社，2019.

[5] 朱艳，郭文佳. 社会工作的理论发展与专业实践探究 [M]. 北京：新华出版社，2019.

[6] 马良. 老年社会工作服务嵌入健康老龄化 [M]. 杭州：浙江工商大学出版社，2019.

[7] 安秋玲. 老年社会工作实务研究 [M]. 上海：华东理工大学出版社，2015.

[8] 向德平. 大国攻坚反贫困社会工作丛书：反贫困社会工作案例 [M]. 上海：华东理工大学出版社，2022.

[9] 梅陈玉婵，林一星，齐铱. 老年社会工作：从理论到实践 第2版 [M]. 上海：上海人民出版社，2017.

[10] 黄松涛. 法治中国建设理论与实践探究 [M]. 北京：经济日报出版社，2019.

[11] 覃明兴，龙妮娜，罗智鸣. 社会工作项目设计实例 [M]. 长春：东北师范大学出版社，2018.

[12] 肖云. 社会工作专业学生社会实践个案案例选集 [M]. 武汉：武汉大学出版社，2018.

[13] 高鉴国. 社会工作价值与伦理 [M]. 济南：山东人民出版社，2012.

[14] 吴宗友. 医务社会工作实务教程 [M]. 合肥：安徽大学出版社，2017.